Hint Mutfağı

Geleneksel Hindistan Yemekleri Tarifleriyle Evde Yemek Yapmanın Keyfi

Priya Singh

İçindekiler

Murgh Bagan-e-Bahar 18
    İçindekiler 18
    Yöntem 19
Tereyağlı tavuk 20
    İçindekiler 20
    Yöntem 21
tavuk sukha 22
    İçindekiler 22
    Yöntem 23
Hint Kızarmış Tavuk 24
    İçindekiler 24
    Yöntem 25
Baharatlı Kapışma 26
    İçindekiler 26
    Yöntem 26
Kuru Hindistan Cevizli Körili Tavuk 27
    İçindekiler 27
    Yöntem 28
Basit Tavuk 29
    İçindekiler 29
    Yöntem 30
Güney Körili Tavuk 31
    İçindekiler 31

Baharat için: 32

Yöntem 32

Hindistan Cevizi Sütünde Tavuk Güveç 33

İçindekiler 33

Yöntem 34

Chandi Tikka 35

İçindekiler 35

Yöntem 36

Tandır Tavuğu 37

İçindekiler 37

Yöntem 38

Murgh Lajawab 39

İçindekiler 39

Yöntem 40

lahori tavuğu 41

İçindekiler 41

Yöntem 42

Tavuk ciğeri 43

İçindekiler 43

Yöntem 43

balti tavuğu 44

İçindekiler 44

Yöntem 45

keskin tavuk 46

İçindekiler 46

Yöntem 47

tavuk dilrubası 48

İçindekiler 48
Yöntem 49
Kızarmış Tavuk Kanadı 50
İçindekiler 50
Yöntem 50
Murgh Mussalam 51
İçindekiler 51
Yöntem 52
Tavuk Lokumu 53
İçindekiler 53
Yöntem 54
Sallı Tavuk 55
İçindekiler 55
Yöntem 56
kızarmış tavuk 57
İçindekiler 57
Yöntem 58
tavuk arama 59
İçindekiler 59
Yöntem 59
Nadan Kozhikari 60
İçindekiler 60
Yöntem 61
annemin tavuğu 62
İçindekiler 62
Yöntem 63
Methi Tavuğu 64

İçindekiler 64
Yöntem 65
Baharatlı Tavuk Baget 66
  İçindekiler 66
  Baharat karışımı için: 66
  Yöntem 67
Dieter'in Körili Tavuk 68
  İçindekiler 68
  Yöntem 69
göksel tavuk 70
  İçindekiler 70
  Baharat karışımı için: 70
  Yöntem 71
Tavuk Rizala 72
  İçindekiler 72
  Yöntem 73
Tavuk Sürprizi 74
  İçindekiler 74
  Yöntem 75
peynirli tavuk 76
  İçindekiler 76
  Marine için: 76
  Yöntem 77
Dana Korma 78
  İçindekiler 78
  Baharat karışımı için: 78
  Yöntem 79

Dhal Kheema 80
    İçindekiler 80
    Baharat karışımı için: 81
    Yöntem 81
domuz köri 82
    İçindekiler 82
    Baharat karışımı için: 82
    Yöntem 83
Şikampur Kebabı 84
    İçindekiler 84
    Yöntem 85
Özel Koyun Eti 87
    İçindekiler 87
    Baharat karışımı için: 87
    Yöntem 88
Yeşil Masala Pirzola 89
    İçindekiler 89
    Baharat karışımı için: 89
    Yöntem 90
Katmanlı Kebap 91
    İçindekiler 91
    Beyaz katman için: 91
    Yeşil katman için: 91
    Turuncu katman için: 92
    Et tabakası için: 92
    Yöntem 92
Barrah Şampiyonu 94

İçindekiler 94
Yöntem 95
Kuzu Turşu 96
İçindekiler 96
Yöntem 97
Goan Kuzu Köri 99
İçindekiler 99
Baharat karışımı için: 99
Yöntem 100
Bagara Et 101
İçindekiler 101
Baharat karışımı için: 101
Yöntem 102
Hindistan Cevizi Sütünde Ciğer 103
İçindekiler 103
Baharat karışımı için: 103
Yöntem 104
Yoğurtlu Kuzu Masala 105
İçindekiler 105
Baharat karışımı için: 105
Yöntem 106
Khada Masala'daki Korma 107
İçindekiler 107
Yöntem 108
Kuzu & Böbrek Köri 109
İçindekiler 109
Baharat karışımı için: 110

- Yöntem 110
- Gosht Gulfaam 112
  - İçindekiler 112
  - Sosu için: 112
  - Yöntem 113
- Kuzu Do Pyaaza 114
  - İçindekiler 114
  - Yöntem 115
- balık kebabı 116
  - İçindekiler 116
  - Doldurma için: 116
  - Yöntem 117
- Balık pirzolası 119
  - İçindekiler 119
  - Yöntem 120
- Balık Sookha 122
  - İçindekiler 122
  - Yöntem 123
- Mahya Kalia 124
  - İçindekiler 124
  - Yöntem 125
- Karides Körili Rosachi 126
  - İçindekiler 126
  - Yöntem 127
- Hurma ve Badem Dolgulu Balık 128
  - İçindekiler 128
  - Yöntem 128

Tandır Balığı 130
   İçindekiler 130
   Yöntem 130
Sebzeli Balık 131
   İçindekiler 131
   Yöntem 132
Tandır Gülnar 133
   İçindekiler 133
   İlk marine için: 133
   İkinci marine için: 133
Yeşil Masala'da Karides 134
   İçindekiler 134
   Yöntem 135
balık pirzola 136
   İçindekiler 136
   Yöntem 137
Parsi Balık Sas 138
   İçindekiler 138
   Yöntem 139
Peşavari Mahhi 140
   İçindekiler 140
   Yöntem 140
Yengeç Köri 141
   İçindekiler 141
   Yöntem 142
hardal balığı 143
   İçindekiler 143

Yöntem 143

Meen Vattihathu 144

    İçindekiler 144

    Yöntem 145

Doi Maach 146

    İçindekiler 146

    Marine için: 146

    Yöntem 147

kızarmış balık 148

    İçindekiler 148

    Yöntem 148

Macher pirzola 149

    İçindekiler 149

    Yöntem 149

Goa Kılıç Balığı 151

    İçindekiler 151

    Yöntem 152

Kuru Balık Masala 153

    İçindekiler 153

    Yöntem 153

Madras Karides Köri 154

    İçindekiler 154

    Yöntem 154

Çemen otunda balık 155

    İçindekiler 155

    Yöntem 156

Karimeen Porichathu 157

İçindekiler 157
Yöntem 158
Jumbo Karides 159
İçindekiler 159
Yöntem 160
balık turşusu 161
İçindekiler 161
Yöntem 161
Körili Balık Topu 162
İçindekiler 162
Yöntem 163
Balık Amritsari 164
İçindekiler 164
Yöntem 164
Masala Kızarmış Karides 165
İçindekiler 165
Yöntem 166
Tuzlu Tepeli Balık 167
İçindekiler 167
Yöntem 168
Karides Pasanda 169
İçindekiler 169
Yöntem 170
Kılıçbalığı Rechaido 171
İçindekiler 171
Yöntem 172
Teekha Jhinga 173

İçindekiler 173

Yöntem 174

Karides Balchow 175

İçindekiler 175

Yöntem 175

Karides Bhujna 177

İçindekiler 177

Yöntem 178

Chingdi Macher Malay 179

İçindekiler 179

Yöntem 180

Balık Sorse Bata 181

İçindekiler 181

Yöntem 181

Balık yahnisi 182

İçindekiler 182

Yöntem 183

Jhinga Nissa 184

İçindekiler 184

Yöntem 185

Kalamar Vindaloo 186

İçindekiler 186

Yöntem 187

ıstakoz balchow 188

İçindekiler 188

Yöntem 189

patlıcanlı karides 190

İçindekiler 190
Yöntem 191
yeşil karides 192
   İçindekiler 192
   Yöntem 192
Kişnişli Balık 193
   İçindekiler 193
   Yöntem 193
Balık Malay 194
   İçindekiler 194
   Baharat karışımı için: 194
   Yöntem 195
Konkani Körili Balık 196
   İçindekiler 196
   Yöntem 196
Sarımsaklı Baharatlı Karides 197
   İçindekiler 197
   Yöntem 198
Basit Körili Balık 199
   İçindekiler 199
   Yöntem 199
Goan Balık Köri 200
   İçindekiler 200
   Yöntem 201
Karides Vindaloo 202
   4 kişilik 202
   İçindekiler 202

- Yöntem 203
- Yeşil Masala'da Balık 204
  - İçindekiler 204
  - Yöntem 205
- İstiridye Masala 206
  - İçindekiler 206
  - Yöntem 207
- balık tikka 208
  - İçindekiler 208
  - Yöntem 209
- Karides ile doldurulmuş patlıcan 210
  - İçindekiler 210
  - Yöntem 211
- Sarımsaklı ve Tarçınlı Karides 212
  - İçindekiler 212
  - Yöntem 212
- Hardalda Buğulanmış Taban 213
  - İçindekiler 213
  - Yöntem 213
- Sarı Balık Köri 214
  - İçindekiler 214
  - Yöntem 214
- Ekmek Bhajjia 216
  - İçindekiler 216
  - Yöntem 216
- yumurtalı masala 217
  - İçindekiler 217

Yöntem 218
Karides Pakodası 219
   İçindekiler 219
   Yöntem 219

Murgh Bagan-e-Bahar

(Izgara Tavuk Baget)

4 kişilik

İçindekiler

tatmak için tuz

1½ çay kaşığı zencefil ezmesi

1½ çay kaşığı sarımsak ezmesi

1 çay kaşığı garam masala

8 adet tavuk budu

30g/1oz nane yaprağı, ince kıyılmış

2 yemek kaşığı kuru nar taneleri

50g/1¾oz yoğurt

1 çay kaşığı öğütülmüş karabiber

1 limon suyu

Çat masala*tatmak

Yöntem

- Tuz, zencefil ezmesi, sarımsak ezmesi ve garam masalayı karıştırın. Bagetlere kesikler atın ve bu karışımla 1 saat marine edin.

- Chaat masala hariç kalan malzemeleri birlikte öğütün.

- Öğütülmüş karışımı tavukla karıştırın ve 4 saat bekletin.

- Tavuğu 30 dakika ızgara yapın. Chaat masala serpin. Sert.

Tereyağlı tavuk

4 kişilik

İçindekiler

1 kg/2¼lb tavuk, 12 parçaya bölünmüş

tatmak için tuz

1 çay kaşığı zerdeçal

1 limon suyu

4 yemek kaşığı tereyağı

3 büyük soğan, ince doğranmış

1 çay kaşığı zencefil ezmesi

1 tatlı kaşığı sarımsak ezmesi

1 yemek kaşığı öğütülmüş kişniş

4 büyük domates, püre

125 gr yoğurt

Yöntem

- Tavuğu tuz, zerdeçal ve limon suyuyla bir saat marine edin.

- Tereyağını bir tencerede ısıtın. Soğanları ekleyin ve yarı saydam olana kadar kızartın.

- Zencefil ezmesi, sarımsak ezmesi ve öğütülmüş kişniş ekleyin. Orta ateşte 5 dakika kızartın.

- Marine edilmiş tavuğu ekleyin. 5 dakika kızartın. Domates püresini ve yoğurdu ekleyin. Bir kapakla örtün ve 35 dakika pişirin. Sıcak servis yapın.

tavuk sukha

(Kuru Tavuk)

4 kişilik

İçindekiler

2 yemek kaşığı rafine bitkisel yağ

4 büyük soğan, ince doğranmış

1 kg/2¼lb tavuk, 12 parçaya bölünmüş

4 domates, ince doğranmış

1 çay kaşığı zerdeçal

2 yeşil biber, dilimlenmiş

8 diş sarımsak, ezilmiş

5 cm/2 inç kök zencefil, rendelenmiş

2 yemek kaşığı garam masala

2 küp tavuk suyu

tatmak için tuz

50g/1¾oz kişniş yaprağı, doğranmış

Yöntem

- Yağı bir tencerede ısıtın. Orta ateşte soğanları pembeleşinceye kadar kavurun. Kişniş yaprakları hariç kalan malzemeleri ekleyin.

- İyice karıştırın ve ara sıra karıştırarak 40 dakika kısık ateşte pişirin.

- Kişniş yaprakları ile süsleyin. Sıcak servis yapın.

Hint Kızarmış Tavuk

4 kişilik

İçindekiler

1kg/2¼lb tavuk

1 yemek kaşığı limon suyu

tatmak için tuz

2 büyük soğan

2,5 cm/1 inç kök zencefil

4 diş sarımsak

3 karanfil

3 yeşil kakule bakla

5 cm/2 inç tarçın

4 yemek kaşığı rafine bitkisel yağ

200g galeta unu

2 elma, doğranmış

4 haşlanmış yumurta, doğranmış

Yöntem

- Tavuğu limon suyu ve tuzla 1 saat marine edin.

- Pürüzsüz bir macun oluşturmak için soğan, zencefil, sarımsak, karanfil, kakule ve tarçını yeterli suyla öğütün.

- Yağı bir tencerede ısıtın. Salçayı ekleyin ve 7 dakika kısık ateşte kavurun. Ekmek kırıntılarını, elmaları ve tuzu ekleyin. 3-4 dakika pişirin.

- Tavuğu bu karışımla doldurun ve 230°C (450°F, Gas Mark 8) fırında 40 dakika kızartın. Yumurtalarla süsleyin. Sıcak servis yapın.

Baharatlı Kapışma

4 kişilik

İçindekiler

3 yemek kaşığı rafine bitkisel yağ

750g/1lb 10oz tavuk sosisi, dilimlenmiş

4 yeşil biber, jülyen doğranmış

1 tatlı kaşığı pul biber

2 çay kaşığı öğütülmüş kimyon

10 diş sarımsak, ince kıyılmış

3 domates, dörde bölünmüş

4 yemek kaşığı soğuk su

½ çay kaşığı taze çekilmiş biber

tatmak için tuz

4 yumurta, hafifçe çırpılmış

Yöntem

- Yağı bir tencerede ısıtın. Sosisleri ekleyin ve orta ateşte kahverengi olana kadar kızartın. Yumurta hariç kalan tüm malzemeleri ekleyin. İyice karıştırın. 8-10 dakika kısık ateşte pişirin.

- Yavaşça yumurtaları ekleyin ve yumurtalar bitene kadar çırpın. Sıcak servis yapın.

Kuru Hindistan Cevizli Körili Tavuk

4 kişilik

İçindekiler

1 kg/2¼lb tavuk, 12 parçaya bölünmüş

tatmak için tuz

Yarım limon suyu

1 büyük soğan, dilimlenmiş

4 yemek kaşığı kurutulmuş hindistan cevizi

1 çay kaşığı zerdeçal

8 diş sarımsak

2,5 cm/1 inç kök zencefil

½ çay kaşığı rezene tohumu

1 çay kaşığı garam masala

1 çay kaşığı haşhaş tohumu

4 yemek kaşığı rafine bitkisel yağ

500ml/16fl ons su

Yöntem

- Tavuğu tuz ve limon suyuyla 30 dakika marine edin.

- Soğanı ve hindistan cevizini 5 dakika kavurun.

- Yağ ve su hariç kalan tüm malzemelerle karıştırın. Pürüzsüz bir macun oluşturmak için yeterli su ile öğütün.

- Yağı bir tencerede ısıtın. Salçayı ekleyip 7-8 dakika kısık ateşte kavurun. Tavukları ve suyu ekleyin. 40 dakika kaynatın. Sıcak servis yapın.

Basit Tavuk

4 kişilik

İçindekiler

1kg/2¼lb tavuk, 8 parçaya bölünmüş

tatmak için tuz

1 tatlı kaşığı pul biber

½ çay kaşığı zerdeçal

3 yemek kaşığı rafine bitkisel yağ

2 büyük soğan, ince dilimlenmiş

1 çay kaşığı zencefil ezmesi

1 tatlı kaşığı sarımsak ezmesi

4-5 adet bütün kırmızı biber, çekirdekleri çıkarılmış

4 küçük domates, ince doğranmış

1 yemek kaşığı garam masala

250ml/8 fl ons su

Yöntem

- Tavuğu tuz, karabiber ve pul biberle 1 saat marine edin.

- Yağı bir tencerede ısıtın. Soğanları ekleyin ve orta ateşte kahverengi olana kadar kızartın. Zencefil ezmesini ve sarımsak ezmesini ekleyin. 1 dakika kızartın.

- Marine edilmiş tavuğu ve kalan malzemeleri ekleyin. İyice karıştırın. Bir kapakla örtün ve 40 dakika pişirin. Sıcak servis yapın.

Güney Körili Tavuk

4 kişilik

İçindekiler

1 çay kaşığı zencefil ezmesi

1 tatlı kaşığı sarımsak ezmesi

2 yeşil biber, ince kıyılmış

1 çay kaşığı limon suyu

tatmak için tuz

1 kg/2¼lb tavuk, 10 parçaya doğranmış

3 yemek kaşığı rafine bitkisel yağ

2,5 cm/1 inç tarçın

3 yeşil kakule bakla

3 karanfil

1 yıldız anason

2 defne yaprağı

3 büyük soğan, ince doğranmış

½ çay kaşığı toz biber

½ çay kaşığı zerdeçal

1 yemek kaşığı öğütülmüş kişniş

250ml/8 fl oz hindistan cevizi sütü

Baharat için:

½ çay kaşığı hardal tohumu

8 köri yaprağı

3 bütün kuru kırmızı biber

Yöntem

- Zencefil ezmesi, sarımsak ezmesi, yeşil biber, limon suyu ve tuzu birlikte karıştırın. Tavuğu bu karışımla 30 dakika marine edin.

- Bir tencerede yağın yarısını ısıtın. Tarçın, kakule, karanfil, yıldız anason ve defne yapraklarını ekleyin. 30 saniye boyunca tükürmelerine izin verin.

- Soğanları ekleyin ve orta ateşte pembeleşinceye kadar kavurun.

- Marine edilmiş tavuğu, pul biberi, zerdeçalı ve öğütülmüş kişnişi ekleyin. İyice karıştırın ve bir kapakla örtün. 20 dakika kısık ateşte pişirin.

- Hindistan cevizi sütünü ekleyin. İyice karıştırın ve sık sık karıştırarak 10 dakika daha pişirin. Kenara koyun.

- Kalan yağı küçük bir tencerede ısıtın. Baharat malzemelerini ekleyin. 30 saniye boyunca tükürmelerine izin verin.

- Bu baharatı tavuk köri içine dökün. İyice karıştırın ve sıcak servis yapın.

Hindistan Cevizi Sütünde Tavuk Güveç

4 kişilik

İçindekiler

2 yemek kaşığı rafine bitkisel yağ

2 soğan, her biri 8 parçaya bölünmüş

1 çay kaşığı zencefil ezmesi

1 tatlı kaşığı sarımsak ezmesi

3 yeşil biber, uzunlamasına dilimlenmiş

2 yemek kaşığı garam masala

8 adet tavuk budu

750ml/1¼ pint hindistan cevizi sütü

200g/7oz dondurulmuş karışık sebzeler

tatmak için tuz

2 çay kaşığı pirinç unu, 120ml/4 fl oz suda çözülmüş

Yöntem

- Yağı bir tencerede ısıtın. Soğan, zencefil ezmesi, sarımsak ezmesi, yeşil biber ve garam masala ekleyin. Sürekli karıştırarak 5 dakika kızartın.

- Bagetleri ve hindistancevizi sütünü ekleyin. İyice karıştırın. 20 dakika kaynatın.

- Sebzeleri ve tuzu ekleyin. İyice karıştırın ve 15 dakika pişirin.

- Pirinç unu karışımını ekleyin. 5-10 dakika demlendirip sıcak servis yapın.

Chandi Tikka

(Yulaf ezmesi ile kaplanmış Kızarmış Tavuk Parçaları)

4 kişilik

İçindekiler

1 yemek kaşığı limon suyu

1 çay kaşığı zencefil ezmesi

1 tatlı kaşığı sarımsak ezmesi

75 gr/2½ ons Çedar peyniri

200g yoğurt

¾ çay kaşığı öğütülmüş beyaz biber

1 tatlı kaşığı çörek otu tohumu

tatmak için tuz

4 tavuk göğsü

1 yumurta, çırpılmış

45g yulaf ezmesi

Yöntem

- Tavuk göğsü, yumurta ve yulaf ezmesi hariç tüm malzemeleri karıştırın. Tavuğu bu karışımla 3-4 saat marine edin.

- Marine edilmiş tavuk göğüslerini yumurtaya bulayın, yulaf ezmesine bulayın ve ara sıra çevirerek bir saat kadar ızgara yapın. Sıcak servis yapın.

Tandır Tavuğu

4 kişilik

İçindekiler

1 yemek kaşığı limon suyu

2 çay kaşığı zencefil ezmesi

2 çay kaşığı sarımsak ezmesi

2 yeşil biber, ince rendelenmiş

1 yemek kaşığı kişniş yaprağı, öğütülmüş

1 tatlı kaşığı pul biber

1 yemek kaşığı garam masala

1 yemek kaşığı öğütülmüş çiğ papaya

½ çay kaşığı portakal gıda boyası

1½ yemek kaşığı rafine bitkisel yağ

tatmak için tuz

1kg/2¼lb bütün tavuk

Yöntem

- Tavuk hariç tüm malzemeleri karıştırın. Tavuğun üzerine kesikler atın ve bu karışımla 6-8 saat marine edin.

- Tavuğu 200°C (400°F, Gas Mark 6) fırında 40 dakika kızartın. Sıcak servis yapın.

Murgh Lajawab

(Zengin Hint Baharatları ile pişirilmiş tavuk)

4 kişilik

İçindekiler

1 kg/2¼lb tavuk, 8 parçaya doğranmış 1 çay kaşığı zencefil ezmesi

1 tatlı kaşığı sarımsak ezmesi

4 yemek kaşığı tereyağı

2 çay kaşığı haşhaş tohumu, öğütülmüş

1 tatlı kaşığı kavun çekirdeği*, zemin

6 badem

3 yeşil kakule bakla

¼ çay kaşığı öğütülmüş hindistan cevizi

1 çay kaşığı garam masala

2 adet topuz

tatmak için tuz

750ml/1¼ pint süt

6 iplikçik safran

Yöntem

- Tavuğu zencefil ezmesi ve sarımsak ezmesi ile bir saat marine edin.

- Tereyağını bir sos tavasında ısıtın ve marine edilmiş tavuğu orta ateşte 10 dakika kızartın.

- Süt ve safran hariç kalan tüm malzemeleri ekleyin. İyice karıştırın, bir kapakla örtün ve 20 dakika pişirin.

- Süt ve safranı ekleyip 10 dakika pişirin. Sıcak servis yapın.

lahori tavuğu

(Kuzey-Batı Sınır Tarzı Tavuk)

4 kişilik

İçindekiler

50g/1¾oz yoğurt

1 çay kaşığı zencefil ezmesi

1 tatlı kaşığı sarımsak ezmesi

1 tatlı kaşığı pul biber

½ çay kaşığı zerdeçal

1 kg/2¼lb tavuk, 12 parçaya bölünmüş

4 yemek kaşığı rafine bitkisel yağ

2 büyük soğan, ince doğranmış

1 çay kaşığı susam, öğütülmüş

1 çay kaşığı haşhaş tohumu, öğütülmüş

10 kaju fıstığı, öğütülmüş

2 büyük yeşil biber, çekirdekleri çıkarılmış ve ince doğranmış

500ml/16fl oz hindistan cevizi sütü

tatmak için tuz

Yöntem

- Yoğurt, zencefil ezmesi, sarımsak ezmesi, kırmızı toz biber ve zerdeçalı karıştırın. Tavuğu bu karışımla 1 saat marine edin.

- Yağı bir tencerede ısıtın. Soğanları kahverengi olana kadar kısık ateşte kızartın.

- Marine edilmiş tavuğu ekleyin. 7-8 dakika kızartın. Kalan tüm malzemeleri ekleyin ve ara sıra karıştırarak 30 dakika pişirin. Sıcak servis yapın.

Tavuk ciğeri

4 kişilik

İçindekiler

3 yemek kaşığı rafine bitkisel yağ

2 büyük soğan, ince dilimlenmiş

5 diş sarımsak, kıyılmış

8 tavuk ciğeri

1 çay kaşığı öğütülmüş karabiber

1 çay kaşığı limon suyu

tatmak için tuz

Yöntem

- Yağı bir tencerede ısıtın. Soğan ve sarımsağı ekleyin. Orta ateşte 3-4 dakika kızartın.

- Kalan tüm malzemeleri ekleyin. Ara sıra karıştırarak 15-20 dakika kızartın. Sıcak servis yapın.

balti tavuğu

4 kişilik

İçindekiler

4 yemek kaşığı tereyağı

1 çay kaşığı zerdeçal

1 yemek kaşığı hardal tohumu

1 yemek kaşığı kimyon tohumu

8 diş sarımsak, ince kıyılmış

2,5 cm/1 inç kök zencefil, ince kıyılmış

3 küçük soğan, ince doğranmış

7 yeşil biber

750g/1lb 10oz tavuk göğsü, doğranmış

1 yemek kaşığı öğütülmüş kişniş

1 yemek kaşığı tek krema

1 çay kaşığı garam masala

tatmak için tuz

Yöntem

- Yağı bir tencerede ısıtın. Zerdeçal, hardal tohumu ve kimyon tohumlarını ekleyin. 30 saniye boyunca tükürmelerine izin verin. Sarımsak, zencefil, soğan ve yeşil biberleri ekleyip orta ateşte 2-3 dakika kavurun.

- Kalan tüm malzemeleri ekleyin. Kısık ateşte ara sıra karıştırarak 30 dakika pişirin. Sıcak servis yapın.

keskin tavuk

4 kişilik

İçindekiler

8 adet tavuk budu

2 çay kaşığı yeşil biber sosu

2 yemek kaşığı rafine bitkisel yağ

2 büyük soğan, ince dilimlenmiş

10 diş sarımsak, ince kıyılmış

tatmak için tuz

bir tutam şeker

2 çay kaşığı malt sirkesi

Yöntem

- Tavukları acı sos ile 30 dakika marine edin.

- Yağı bir tencerede ısıtın. Soğanları ekleyin ve yarı saydam olana kadar orta ateşte kızartın.

- Sarımsağı, marine edilmiş tavuğu ve tuzu ekleyin. İyice karıştırın ve ara sıra karıştırarak 30 dakika kısık ateşte pişirin.

- Şeker ve sirkeyi ekleyin. İyice karıştırın ve sıcak servis yapın.

tavuk dilrubası

(Zengin Soslu Tavuk)

4 kişilik

İçindekiler

5 yemek kaşığı rafine bitkisel yağ

20 badem, öğütülmüş

20 kaju fıstığı, öğütülmüş

2 küçük soğan, öğütülmüş

5 cm/2 inç kök zencefil, rendelenmiş

1kg/2¼lb tavuk, 8 parçaya bölünmüş

200g yoğurt

240ml/6 fl ons süt

1 çay kaşığı garam masala

½ çay kaşığı zerdeçal

1 tatlı kaşığı pul biber

tatmak için tuz

1 tutam safran, 1 yemek kaşığı sütle ıslatılmış

2 yemek kaşığı kişniş yaprağı, doğranmış

Yöntem

- Yağı bir tencerede ısıtın. Badem, kaju fıstığı, soğan ve zencefili ekleyin. 3 dakika orta ateşte kızartın.

- Tavukları ve yoğurdu ekleyin. İyice karıştırın ve orta ateşte 20 dakika pişirin.

- Süt, garam masala, zerdeçal, pul biber ve tuzu ekleyin. İyice karıştırın. Bir kapakla örtün ve 20 dakika kısık ateşte pişirin.

- Safran ve kişniş yapraklarıyla süsleyin. Sıcak servis yapın.

Kızarmış Tavuk Kanadı

4 kişilik

İçindekiler

¼ çay kaşığı zerdeçal

1 çay kaşığı garam masala

1 çay kaşığı chaat masala*

tatmak için tuz

1 yumurta, çırpılmış

Derin kızartma için rafine bitkisel yağ

12 tavuk kanadı

Yöntem

- Pürüzsüz bir hamur yapmak için zerdeçal, garam masala, chaat masala, tuz ve yumurtayı karıştırın.

- Yağı bir tavada ısıtın. Tavuk kanatlarını bu karışıma bulayıp orta ateşte altın rengi olana kadar kızartın.

- Emici kağıt üzerine boşaltın ve sıcak servis yapın.

Murgh Mussalam

(İçi doldurulmuş tavuk)

Servis 6

İçindekiler

2 yemek kaşığı tereyağı

2 büyük soğan, rendelenmiş

4 siyah kakule baklası, öğütülmüş

1 çay kaşığı haşhaş tohumu

50g/1¾oz kurutulmuş hindistan cevizi

1 çay kaşığı topuz

1kg/2¼lb tavuk

4-5 yemek kaşığı pekmez*

2-3 defne yaprağı

6-7 yeşil kakule baklası

3 çay kaşığı sarımsak ezmesi

200g yoğurt

tatmak için tuz

Yöntem

- ½ yemek kaşığı tereyağını bir tencerede ısıtın. Soğanları ekleyin ve kahverengi olana kadar kızartın.

- Kakule, haşhaş tohumu, hindistancevizi ve topuzu ekleyin. 3 dakika kızartın.

- Tavuğu bu karışımla doldurun ve açıklığı dikin. Kenara koyun.

- Kalan yağı bir tencerede ısıtın. Kalan tüm malzemeleri ve tavuğu ekleyin. Ara sıra karıştırarak 1½ saat pişirin. Sıcak servis yapın.

Tavuk Lokumu

4 kişilik

İçindekiler

4 yemek kaşığı rafine bitkisel yağ

5cm/2in öğütülmüş tarçın

1 yemek kaşığı kakule tozu

8 karanfil

½ çay kaşığı rendelenmiş hindistan cevizi

2 büyük soğan, öğütülmüş

10 diş sarımsak, ezilmiş

2,5 cm/1 inç kök zencefil, rendelenmiş

tatmak için tuz

1kg/2¼lb tavuk, 8 parçaya bölünmüş

200g yoğurt

300g/10oz domates püresi

Yöntem

- Yağı bir tencerede ısıtın. Tarçın, kakule, karanfil, küçük hindistan cevizi, soğan, sarımsak ve zencefili ekleyin. Orta ateşte 5 dakika kızartın.

- Tuz, tavuk, yoğurt ve domates püresini ekleyin. İyice karıştırın ve sık sık karıştırarak 40 dakika pişirin. Sıcak servis yapın.

Sallı Tavuk

(Patates Cipsli Tavuk)

4 kişilik

İçindekiler

tatmak için tuz

1 çay kaşığı zencefil ezmesi

1 tatlı kaşığı sarımsak ezmesi

1kg/2¼lb tavuk, doğranmış

3 yemek kaşığı rafine bitkisel yağ

2 büyük soğan, ince doğranmış

1 çay kaşığı şeker

4 domates, püre

1 çay kaşığı zerdeçal

250g/9oz sade tuzlu patates cipsi

Yöntem

- Tuz, zencefil ezmesi ve sarımsak ezmesini karıştırın. Tavuğu bu karışımla 1 saat marine edin. Kenara koyun.

- Yağı bir tencerede ısıtın. Soğanları kahverengi olana kadar kısık ateşte kızartın.

- Marine edilmiş tavuğu ve şekeri, domates püresini ve zerdeçal ekleyin. Bir kapakla örtün ve sık sık karıştırarak 40 dakika pişirin.

- Üzerine patates cipsi serpip sıcak servis yapın.

kızarmış tavuk

4 kişilik

İçindekiler

1 kg/2¼lb kemiksiz tavuk, doğranmış

1 litre/1¾ pint süt

1 çay kaşığı safran

8 yeşil kakule baklası

5 karanfil

2,5 cm/1 inç tarçın

2 defne yaprağı

250g/9oz Basmati pirinci

4 çay kaşığı rezene tohumu

tatmak için tuz

150g yoğurt

Derin kızartma için rafine bitkisel yağ

Yöntem

- Tavuğu süt, safran, kakule, karanfil, tarçın ve defne yaprağı ile karıştırın. Bir tencerede kısık ateşte 50 dakika pişirin. Kenara koyun.

- Pirinci rezene tohumları, tuz ve yeterince su ile ince bir macun haline getirin. Bu salçayı yoğurda ekleyin ve iyice çırpın.

- Yağı bir tavada ısıtın. Tavuk parçalarını yoğurt karışımına batırın ve orta ateşte kızarana kadar kızartın. Sıcak servis yapın.

tavuk arama

4 kişilik

İçindekiler

500g/1lb 2oz tavuk, kıyılmış

10 diş sarımsak, öğütülmüş

5 cm/2 inç kök zencefil, jülyen doğranmış

2 yeşil biber, ince kıyılmış

½ çay kaşığı çörek otu tohumu

tatmak için tuz

Yöntem

- Kıymayı tüm malzemelerle karıştırın ve pürüzsüz bir hamur haline getirin. Bu karışımı 8 eşit parçaya bölün.

- Şiş ve 10 dakika ızgara yapın.

- Nane turşusu ile sıcak servis yapın

Nadan Kozhikari

(Rezene ve Hindistan Cevizi Sütlü Tavuk)

4 kişilik

İçindekiler

½ çay kaşığı zerdeçal

2 çay kaşığı zencefil ezmesi

tatmak için tuz

1kg/2¼lb tavuk, 8 parçaya bölünmüş

1 yemek kaşığı kişniş tohumu

3 kırmızı biber

1 çay kaşığı rezene tohumu

1 tatlı kaşığı hardal tohumu

3 büyük soğan

3 yemek kaşığı rafine bitkisel yağ

750ml/1¼ pint hindistan cevizi sütü

250ml/8 fl ons su

10 köri yaprağı

Yöntem

- Zerdeçal, zencefil ezmesi ve tuzu 1 saat karıştırın. Tavuğu bu karışımla 1 saat marine edin.

- Kişniş tohumlarını, kırmızı biberleri, rezene tohumlarını ve hardal tohumlarını kavurun. Soğanla karıştırın ve pürüzsüz bir macun haline getirin.

- Yağı bir tencerede ısıtın. Soğan ezmesini ekleyin ve 7 dakika kısık ateşte kızartın. Marine edilmiş tavuğu, hindistancevizi sütünü ve suyu ekleyin. 40 dakika kaynatın. Köri yapraklarıyla süsleyerek servis yapın.

annemin tavuğu

4 kişilik

İçindekiler

3 yemek kaşığı rafine bitkisel yağ

5 cm/2 inç tarçın

2 yeşil kakule bakla

4 karanfil

4 büyük soğan, ince doğranmış

2,5 cm/1 inç kök zencefil, rendelenmiş

8 diş sarımsak, ezilmiş

3 büyük domates, ince doğranmış

2 çay kaşığı öğütülmüş kişniş

1 çay kaşığı zerdeçal

tatmak için tuz

1 kg/2¼lb tavuk, 12 parçaya bölünmüş

500ml/16fl ons su

Yöntem

- Yağı bir tencerede ısıtın. Tarçın, kakule ve karanfili ekleyin. 15 saniye boyunca dağılmalarına izin verin.
- Soğan, zencefil ve sarımsağı ekleyin. 2 dakika orta ateşte kızartın.
- Su hariç kalan malzemeleri ekleyin. 5 dakika kızartın.
- Suya dökün. İyice karıştırın ve 40 dakika pişirin. Sıcak servis yapın.

Methi Tavuğu

(Çemen otu yaprağı ile pişirilmiş tavuk)

4 kişilik

İçindekiler

1 çay kaşığı zencefil ezmesi

2 çay kaşığı sarımsak ezmesi

2 çay kaşığı öğütülmüş kişniş

½ çay kaşığı öğütülmüş karanfil

1 limon suyu

1kg/2¼lb tavuk, 8 parçaya bölünmüş

4 çay kaşığı tereyağı

1 çay kaşığı kuru zencefil tozu

2 yemek kaşığı kurutulmuş kişniş yaprağı

50g/1¾oz kişniş yaprağı, doğranmış

10g/¼oz nane yaprağı, ince kıyılmış

tatmak için tuz

Yöntem

- Zencefil ezmesi, sarımsak ezmesi, öğütülmüş kişniş, karanfil ve limon suyunun yarısını karıştırın. Tavuğu bu karışımla 2 saat marine edin.
- 200°C (400°F, Gas Mark 6) fırında 50 dakika pişirin. Kenara koyun.
- Tereyağını bir tencerede ısıtın. Kavrulmuş tavuğu ve kalan tüm malzemeleri ekleyin. İyi at. 5-6 dakika pişirip sıcak servis yapın.

Baharatlı Tavuk Baget

4 kişilik

İçindekiler

8-10 adet tavuk budu, her yeri çatalla delinmiş

2 yumurta, çırpılmış

100g/3½ ons irmik

Derin kızartma için rafine bitkisel yağ

Baharat karışımı için:

6 kırmızı biber

6 diş sarımsak

2,5 cm/1 inç kök zencefil

1 yemek kaşığı kişniş yaprağı, doğranmış

6 karanfil

15 karabiber

tatmak için tuz

4 yemek kaşığı malt sirkesi

Yöntem

- Baharat karışımı için malzemeleri pürüzsüz bir macun haline getirin. Butları bu macunla bir saat kadar marine edin.
- Yağı bir tavada ısıtın. Bagetleri yumurtaya batırın, irmiğe bulayın ve orta ateşte kızarana kadar kızartın. Sıcak servis yapın.

Dieter'in Körili Tavuk

4 kişilik

İçindekiler

1 çay kaşığı zencefil ezmesi

1 tatlı kaşığı sarımsak ezmesi

200g yoğurt

1 tatlı kaşığı pul biber

½ çay kaşığı zerdeçal

2 domates, ince doğranmış

1 çay kaşığı öğütülmüş kişniş

1 çay kaşığı öğütülmüş kimyon

1 çay kaşığı kurutulmuş çemen otu yaprağı, ezilmiş

2 çay kaşığı garam masala

1 çay kaşığı mango turşusu

tatmak için tuz

750g/1lb 10oz tavuk, doğranmış

Yöntem

- Tavuk hariç tüm malzemeleri karıştırın. Tavuğu bu karışımla 3 saat marine edin.
- Karışımı toprak bir tencerede veya bir tencerede kısık ateşte 40 dakika pişirin. Gerekirse su ekleyin. Sıcak servis yapın.

göksel tavuk

4 kişilik

İçindekiler

4 yemek kaşığı rafine bitkisel yağ

1kg/2¼lb tavuk, 8 parçaya bölünmüş

tatmak için tuz

1 çay kaşığı biber

1 çay kaşığı zerdeçal

6 taze soğan, ince doğranmış

250ml/8 fl ons su

Baharat karışımı için:

1½ çay kaşığı zencefil ezmesi

1½ çay kaşığı sarımsak ezmesi

3 yeşil biber, çekirdekleri çıkarılmış ve dilimlenmiş

2 yeşil biber

½ taze hindistan cevizi, rendelenmiş

2 domates, ince doğranmış

Yöntem

- Baharat karışımı malzemelerini pürüzsüz bir macun haline getirin.
- Yağı bir tencerede ısıtın. Salçayı ekleyin ve 7 dakika kısık ateşte kavurun. Su hariç kalan malzemeleri ekleyin. 5 dakika kızartın. Suyu ekleyin. İyice karıştırın ve 40 dakika pişirin. Sıcak servis yapın.

Tavuk Rizala

4 kişilik

İçindekiler

6 yemek kaşığı rafine bitkisel yağ

2 büyük soğan, uzunlamasına dilimlenmiş

1 çay kaşığı zencefil ezmesi

1 tatlı kaşığı sarımsak ezmesi

2 yemek kaşığı haşhaş tohumu, öğütülmüş

1 yemek kaşığı öğütülmüş kişniş

2 büyük yeşil biber, jülyen doğranmış

360ml/12fl oz su

1kg/2¼lb tavuk, 8 parçaya bölünmüş

6 yeşil kakule baklası

5 karanfil

200g yoğurt

1 çay kaşığı garam masala

1 limon suyu

tatmak için tuz

Yöntem

- Yağı bir tencerede ısıtın. Soğan, zencefil ezmesi, sarımsak ezmesi, haşhaş tohumu ve öğütülmüş kişniş ekleyin. 2 dakika kısık ateşte kızartın.
- Kalan tüm malzemeleri ekleyin ve iyice karıştırın. Bir kapakla örtün ve ara sıra karıştırarak 40 dakika pişirin. Sıcak servis yapın.

Tavuk Sürprizi

4 kişilik

İçindekiler

150g/5½oz kişniş yaprağı, doğranmış

10 diş sarımsak

2,5 cm/1 inç kök zencefil

1 çay kaşığı garam masala

1 yemek kaşığı demirhindi ezmesi

2 çay kaşığı kimyon tohumu

1 çay kaşığı zerdeçal

4 yemek kaşığı su

tatmak için tuz

1kg/2¼lb tavuk, 8 parçaya bölünmüş

Derin kızartma için rafine bitkisel yağ

2 yumurta, çırpılmış

Yöntem

- Tavuk, yağ ve yumurta dışındaki tüm malzemeleri pürüzsüz bir macun haline getirin. Tavuğu bu macunla 2 saat marine edin.//
- Yağı bir tavada ısıtın. Her bir tavuk parçasını yumurtaya batırın ve orta ateşte kızarana kadar kızartın. Sıcak servis yapın.

peynirli tavuk

4 kişilik

İçindekiler

12 adet tavuk budu

4 yemek kaşığı tereyağı

1 çay kaşığı zencefil ezmesi

1 tatlı kaşığı sarımsak ezmesi

2 büyük soğan, ince doğranmış

1 çay kaşığı garam masala

tatmak için tuz

200g yoğurt

Marine için:

1 çay kaşığı zencefil ezmesi

1 tatlı kaşığı sarımsak ezmesi

1 yemek kaşığı limon suyu

¼ çay kaşığı garam masala

4 yemek kaşığı tek krema

4 yemek kaşığı çedar peyniri, rendelenmiş

tatmak için tuz

Yöntem

- Bagetlerin her yerini çatalla delin. Tüm marine malzemelerini birlikte karıştırın. Butları bu karışımla 8-10 saat marine edin.
- Tereyağını bir tencerede ısıtın. Zencefil ezmesini ve sarımsak ezmesini ekleyin. 1-2 dakika orta ateşte kızartın. Yoğurt hariç kalan tüm malzemeleri ekleyin. 5 dakika kızartın.
- Bagetleri ve yoğurdu ekleyin. 40 dakika kaynatın. Sıcak servis yapın.

Dana Korma

(Baharatlı Sosta pişirilmiş dana eti)

4 kişilik

İçindekiler

4 yemek kaşığı rafine bitkisel yağ

2 büyük soğan, ince doğranmış

675g/1½lb sığır eti, 2,5 cm/1 inç parçalar halinde doğranmış

360ml/12fl oz su

½ çay kaşığı öğütülmüş tarçın

120ml/4 fl oz tek krem

125 gr yoğurt

1 çay kaşığı garam masala

tatmak için tuz

10g/¼oz kişniş yaprağı, ince kıyılmış

Baharat karışımı için:

1½ yemek kaşığı kişniş tohumu

¾ yemek kaşığı kimyon tohumu

3 yeşil kakule bakla

4 karabiber

6 karanfil

2,5 cm/1 inç kök zencefil

10 diş sarımsak

15 badem

Yöntem

- Baharat karışımının tüm malzemelerini birlikte karıştırın ve pürüzsüz bir macun oluşturmak için yeterli su ile öğütün. Kenara koyun.
- Yağı bir tencerede ısıtın. Soğanları ekleyin ve orta ateşte pembeleşinceye kadar kavurun.
- Baharat karışımı ezmesini ve dana etini ekleyin. 2-3 dakika kızartın. Suyu ekleyin. İyice karıştırın ve 45 dakika pişirin.
- Öğütülmüş tarçın, krema, yoğurt, garam masala ve tuzu ekleyin. 3-4 dakika iyice karıştırın.
- Dana kormayı kişniş yapraklarıyla süsleyin. Sıcak servis yapın.

Dhal Kheema

(Mercimekli Kıyma)

4 kişilik

İçindekiler

675g/1½lb kuzu, kıyılmış

1 çay kaşığı zencefil ezmesi

1 tatlı kaşığı sarımsak ezmesi

3 büyük soğan, ince doğranmış

360ml/12fl oz su

tatmak için tuz

600g/1lb 5oz chana dhal*, 30 dakika boyunca 250 ml/8 fl oz suya batırılmış

½ çay kaşığı demirhindi ezmesi

60ml/2fl oz rafine bitkisel yağ

4 karanfil

2,5 cm/1 inç tarçın

2 yeşil kakule bakla

4 karabiber

10g/¼oz kişniş yaprağı, ince kıyılmış

Baharat karışımı için:

2 çay kaşığı kişniş tohumu

3 kırmızı biber

½ çay kaşığı zerdeçal

¼ çay kaşığı kimyon tohumu

25 gr/az 1 ons taze hindistan cevizi, rendelenmiş

1 çay kaşığı haşhaş tohumu

Yöntem

- Baharat karışımının tüm malzemelerini birlikte kurutun. Pürüzsüz bir macun oluşturmak için bu karışımı yeterli suyla öğütün. Kenara koyun.
- Kuzu kıymasını zencefil ezmesi, sarımsak ezmesi, soğanın yarısı, kalan su ve tuzla karıştırın. Bir tencerede orta ateşte 40 dakika pişirin.
- Chana dhal'ı ıslatıldığı suyla birlikte ekleyin. İyice karıştırın. 10 dakika kaynatın.
- Baharat karışımı ezmesini ve demirhindi ezmesini ekleyin. Bir kapakla örtün ve ara sıra karıştırarak 10 dakika pişirin. Kenara koyun.
- Yağı bir tavada ısıtın. Kalan soğanları ekleyin ve orta ateşte pembeleşinceye kadar kavurun.
- Karanfil, tarçın, kakule ve karabiberi ekleyin. Bir dakika kızartın.
- Ateşten alın ve bunu doğrudan kıyma-dhal karışımının üzerine dökün. Bir dakika boyunca iyice karıştırın.
- Dhal kheema'yı kişniş yapraklarıyla süsleyin. Sıcak servis yapın.

domuz köri

4 kişilik

İçindekiler

500g/1 lb 2oz domuz eti, 2,5 cm/1 inç parçalar halinde doğranmış

1 yemek kaşığı malt sirkesi

6 köri yaprağı

2,5 cm/1 inç tarçın

3 karanfil

500ml/16fl ons su

tatmak için tuz

2 büyük patates, doğranmış

3 yemek kaşığı rafine bitkisel yağ

1 çay kaşığı garam masala

Baharat karışımı için:

1 yemek kaşığı kişniş tohumu

1 çay kaşığı kimyon tohumu

6 karabiber

½ çay kaşığı zerdeçal

4 kırmızı biber

2 büyük soğan, ince doğranmış

2,5 cm/1 inç kök zencefil, dilimlenmiş

10 diş sarımsak, dilimlenmiş

½ çay kaşığı demirhindi ezmesi

Yöntem

- Baharat karışımı için tüm malzemeleri birlikte karıştırın. Pürüzsüz bir macun oluşturmak için yeterli su ile öğütün. Kenara koyun.
- Domuz etini sirke, köri yaprakları, tarçın, karanfil, su ve tuzla karıştırın. Bu karışımı bir tencerede orta ateşte 40 dakika pişirin.
- Patatesleri ekleyin. İyice karıştırın ve 10 dakika pişirin. Kenara koyun.
- Yağı bir tencerede ısıtın. Baharat karışımı salçasını ekleyin ve orta ateşte 3-4 dakika kızartın.
- Domuz eti karışımını ve garam masalayı ekleyin. İyice karıştırın. Bir kapakla örtün ve ara sıra karıştırarak 10 dakika pişirin.
- Sıcak servis yapın.

Şikampur Kebabı

(Kuzu kebabı)

4 kişilik

İçindekiler

3 büyük soğan

8 diş sarımsak

2,5 cm/1 inç kök zencefil

6 adet kuru kırmızı biber

4 yemek kaşığı tereyağı artı kızartma için ekstra

1 çay kaşığı zerdeçal

1 çay kaşığı öğütülmüş kişniş

½ çay kaşığı öğütülmüş kimyon

10 badem, öğütülmüş

10 fıstık, öğütülmüş

1 çay kaşığı garam masala

Bir tutam toz tarçın

1 yemek kaşığı öğütülmüş karanfil

1 yemek kaşığı öğütülmüş yeşil kakule

2 yemek kaşığı hindistan cevizi sütü

tatmak için tuz

1 yemek kaşığı bezelye*

750g/1lb 10oz kuzu eti, kıyılmış

200g/7oz Yunan yoğurdu

1 yemek kaşığı nane yaprağı, ince kıyılmış

Yöntem

- Soğan, sarımsak, zencefil ve biberleri birlikte karıştırın.
- Pürüzsüz bir macun oluşturmak için bu karışımı yeterli suyla öğütün.
- Yağı bir tencerede ısıtın. Bu salçayı ekleyip orta ateşte 1-2 dakika kavurun.
- Zerdeçal, öğütülmüş kişniş ve öğütülmüş kimyon ekleyin. Bir dakika kızartın.
- Öğütülmüş badem, öğütülmüş antep fıstığı, garam masala, öğütülmüş tarçın, öğütülmüş karanfil ve kakule ekleyin. 2-3 dakika kızartmaya devam edin.
- Hindistan cevizi sütü ve tuzu ekleyin. İyice karıştırın. 5 dakika karıştırın.
- Besan ve kıymayı ekleyin. İyice karıştırın. Ara sıra karıştırarak 30 dakika pişirin. Ateşten alın ve 10 dakika soğumaya bırakın.
- Kıyma karışımı soğuduktan sonra, 8 topa bölün ve her birini bir pirzola haline getirin. Kenara koyun.

- Yoğurdu nane yapraklarıyla iyice çırpın. Her düzleştirilmiş pirzola ortasına bu karışımdan büyük bir kaşık koyun. Bir kese gibi kapatın, bir top haline getirin ve tekrar düzleştirin.
- Yağı bir tavada ısıtın. Pirzolaları ekleyin ve orta ateşte kızarana kadar kızartın. Sıcak servis yapın.

Özel Koyun Eti

4 kişilik

İçindekiler

5 yemek kaşığı tereyağı

4 büyük soğan, dilimlenmiş

2 domates, dilimlenmiş

675g/1½lb koyun eti, 3,5cm/1½in parçalar halinde doğranmış

1 litre/1¾ pint su

tatmak için tuz

Baharat karışımı için:

10 diş sarımsak

3 yeşil biber

3,5 cm/1½ inç kök zencefil

4 karanfil

2,5 cm/1 inç tarçın

1 yemek kaşığı haşhaş tohumu

1 tatlı kaşığı çörek otu tohumu

1 çay kaşığı kimyon tohumu

2 yeşil kakule bakla

2 yemek kaşığı kişniş tohumu

7 karabiber

5 adet kuru kırmızı biber

1 çay kaşığı zerdeçal

1 yemek kaşığı chana dhal*

25 gr/az 1 ons nane yaprağı

25g/yetersiz 1oz kişniş yaprağı

100g/3½oz taze hindistan cevizi, rendelenmiş

Yöntem

- Tüm baharat karışımı malzemelerini birlikte karıştırın ve pürüzsüz bir macun oluşturmak için yeterli su ile öğütün. Kenara koyun.
- Yağı bir tencerede ısıtın. Soğanları ekleyin ve orta ateşte pembeleşinceye kadar kavurun.
- Baharat karışımı ezmesini ekleyin. Ara sıra karıştırarak 3-4 dakika kızartın.
- Domates ve koyun eti ekleyin. 8-10 dakika kızartın. Suyu ve tuzu ekleyin. İyice karıştırın, bir kapakla örtün ve ara sıra karıştırarak 45 dakika pişirin. Sıcak servis yapın.

Yeşil Masala Pirzola

4 kişilik

İçindekiler

750g/1lb 10oz koyun pirzolası

tatmak için tuz

360ml/12fl oz rafine bitkisel yağ

3 büyük patates, dilimlenmiş

5 cm/2 inç tarçın

2 yeşil kakule bakla

4 karanfil

3 domates, ince doğranmış

¼ çay kaşığı zerdeçal

120ml/4 fl ons sirke

250ml/8 fl ons su

Baharat karışımı için:

3 büyük soğan

2,5 cm/1 inç kök zencefil

10-12 diş sarımsak

¼ çay kaşığı kimyon tohumu

6 yeşil biber, uzunlamasına dilimlenmiş

1 çay kaşığı kişniş tohumu

1 çay kaşığı kimyon tohumu

50g kişniş yaprağı, ince kıyılmış

Yöntem

- Eti tuzla bir saat marine edin.
- Tüm baharat karışımı malzemelerini birlikte karıştırın. Pürüzsüz bir macun oluşturmak için yeterli su ile öğütün. Kenara koyun.
- Yağın yarısını bir tavada kızdırın. Patatesleri ekleyin ve altın rengi olana kadar orta ateşte kızartın. Süzün ve bir kenara koyun.
- Kalan yağı bir tencerede ısıtın. Tarçın, kakule ve karanfili ekleyin. 20 saniye boyunca tükürmelerine izin verin.
- Baharat karışımı ezmesini ekleyin. 3-4 dakika orta ateşte kızartın.
- Domates ve zerdeçal ekleyin. 1-2 dakika kızartmaya devam edin.
- Sirkeyi ve marine edilmiş koyun etini ekleyin. 6-7 dakika kızartın.
- Suyu ekleyin ve iyice karıştırın. Bir kapakla örtün ve ara sıra karıştırarak 45 dakika pişirin.
- Kızarmış patatesleri ekleyin. Sürekli karıştırarak 5 dakika pişirin. Sıcak servis yapın.

Katmanlı Kebap

4 kişilik

İçindekiler

120ml/4 fl oz rafine bitkisel yağ

100g galeta unu

Beyaz katman için:

450g keçi peyniri, süzülmüş

1 büyük patates, haşlanmış

½ çay kaşığı tuz

½ çay kaşığı öğütülmüş karabiber

½ çay kaşığı toz biber

Yarım limon suyu

50g/1¾oz kişniş yaprağı, doğranmış

Yeşil katman için:

200g ıspanak

2 yemek kaşığı mung dhal*

1 büyük soğan, ince kıyılmış

2,5 cm/1 inç kök zencefil

4 karanfil

¼ çay kaşığı zerdeçal

1 çay kaşığı garam masala

tatmak için tuz

250ml/8 fl ons su

2 yemek kaşığı bezelye*

Turuncu katman için:

1 yumurta, çırpılmış

1 büyük soğan, ince kıyılmış

1 yemek kaşığı limon suyu

¼ çay kaşığı portakal gıda boyası

Et tabakası için:

500g/1lb 2oz et, kıyılmış

150g/5½oz maş çileği*, 1 saat ıslatılmış

5cm/2in kök zencefil

6 diş sarımsak

6 karanfil

1 yemek kaşığı öğütülmüş kimyon

1 yemek kaşığı toz biber

10 karabiber

600ml/1 litre su

Yöntem

- Beyaz katman malzemelerini biraz tuzla karıştırıp yoğurun. Kenara koyun.

- Besan hariç tüm yeşil tabaka malzemelerini karıştırın. Bir tencerede kısık ateşte 45 dakika pişirin. Besan ile ezin ve bir kenara koyun.
- Portakallı kat için tüm malzemeleri biraz tuzla karıştırın. Kenara koyun.
- Et tabakası için, tüm malzemeleri biraz tuzla karıştırın ve bir tencerede orta ateşte 40 dakika pişirin. Soğutun ve ezin.
- Her katman karışımını 8 porsiyona bölün. Topları yuvarlayın ve pirzola oluşturmak için hafifçe vurun. Her kattan 1 pirzolayı diğerinin üzerine koyun, böylece sekiz adet 4 katlı köfteniz olur. Dikdörtgen şekilli kebaplara hafifçe bastırın.
- Yağı bir tavada ısıtın. Kebapları galeta ununa bulayıp orta ateşte altın sarısı bir renk alana kadar kızartın. Sıcak servis yapın.

Barrah Şampiyonu

(Kavrulmuş Kuzu Pirzola)

4 kişilik

İçindekiler

1 çay kaşığı zencefil ezmesi

1 tatlı kaşığı sarımsak ezmesi

3 yemek kaşığı malt sirkesi

675g kuzu pirzola

400g/14oz Yunan yoğurdu

1 çay kaşığı zerdeçal

4 yeşil biber, ince kıyılmış

½ çay kaşığı toz biber

1 çay kaşığı öğütülmüş kişniş

1 çay kaşığı öğütülmüş kimyon

1 çay kaşığı öğütülmüş tarçın

¾ çay kaşığı öğütülmüş karanfil

tatmak için tuz

1 yemek kaşığı chaat masala*

Yöntem

- Zencefil ezmesi ve sarımsak ezmesini sirke ile karıştırın. Kuzu bu karışımla 2 saat marine edin.
- Chaat masala hariç kalan tüm malzemeleri karıştırın. Kuzu pirzolaları bu karışımla 4 saat marine edin.
- Pirzolaları şişleyin ve 200°C'de (400°F, Gas Mark 6) fırında 40 dakika kızartın.
- Chaat masala ile süsleyin ve sıcak servis yapın.

Kuzu Turşu

4 kişilik

İçindekiler

10 adet kuru kırmızı biber

10 diş sarımsak

3,5 cm/1½ inç kök zencefil

tatmak için tuz

750ml/1¼ pint su

2 yemek kaşığı yoğurt

675g/1½lb kuzu, 2,5cm/1in parçalar halinde doğranmış

250ml/8fl oz rafine bitkisel yağ

1½ çay kaşığı zerdeçal

1 yemek kaşığı kişniş tohumu

10 karabiber

3 adet siyah kakule

4 karanfil

3 defne yaprağı

1 tatlı kaşığı rendelenmiş salça

¼ çay kaşığı rendelenmiş hindistan cevizi

1 çay kaşığı kimyon tohumu

½ çay kaşığı hardal tohumu

100g/3½oz kurutulmuş hindistan cevizi

½ çay kaşığı asafoetida

1 limon suyu

Yöntem

- Kırmızıbiber, sarımsak, zencefil ve tuzu birlikte karıştırın. Pürüzsüz bir macun oluşturmak için yeterli su ile öğütün.
- Bu salçayı yoğurtla karıştırın. Eti bu karışımla 1 saat marine edin.
- Bir tencerede yağın yarısını ısıtın. Zerdeçal, kişniş tohumu, karabiber, kakule, karanfil, defne yaprağı, topuz, küçük hindistan cevizi, kimyon tohumu, hardal tohumu ve hindistancevizi ekleyin. 2-3 dakika orta ateşte kızartın.
- Kalın bir macun oluşturmak için karışımı yeterince suyla öğütün.
- Kalan yağı bir tencereye ekleyin. Asafoetida'yı ekleyin. 10 saniye boyunca sıçramasına izin verin.

- Öğütülmüş zerdeçal-kişniş tohumu ezmesini ekleyin. Orta ateşte 3-4 dakika kızartın.
- Marine edilmiş kuzu etini ve kalan suyu ekleyin. İyice karıştırın. Bir kapakla örtün ve 45 dakika pişirin. Soğuması için kenara alın.
- Limon suyunu ekleyin ve iyice karıştırın. Kuzu turşusunu hava geçirmez bir kapta saklayın.

Goan Kuzu Köri

4 kişilik

İçindekiler

240ml/6fl oz rafine bitkisel yağ

4 büyük soğan, ince doğranmış

1 çay kaşığı zerdeçal

4 domates, püre

675g/1½lb kuzu, 2,5cm/1in parçalar halinde doğranmış

4 büyük patates, doğranmış

600ml/1 pint hindistan cevizi sütü

120ml/4 fl ons su

tatmak için tuz

Baharat karışımı için:

4 yeşil kakule bakla

5 cm/2 inç tarçın

6 karabiber

1 çay kaşığı kimyon tohumu

2 karanfil

6 kırmızı biber

1 yıldız anason

50g kişniş yaprağı, ince kıyılmış

3 yeşil biber

1 çay kaşığı zencefil ezmesi

1 tatlı kaşığı sarımsak ezmesi

Yöntem

- Baharat karışımını hazırlamak için kakule, tarçın, karabiber, kimyon, karanfil, kırmızı biber ve yıldız anasonu 3-4 dakika kavurun.
- Bu karışımı, kalan baharat karışımı malzemeleri ve pürüzsüz bir macun oluşturacak kadar su ile öğütün. Kenara koyun.
- Yağı bir tencerede ısıtın. Soğanları ekleyin ve şeffaflaşana kadar orta ateşte kızartın.
- Zerdeçal ve domates püresini ekleyin. 2 dakika kızartın.
- Baharat karışımı ezmesini ekleyin. 4-5 dakika kızartmaya devam edin.
- Kuzu eti ve patatesleri ekleyin. 5-6 dakika kızartın.
- Hindistan cevizi sütü, su ve tuzu ekleyin. İyice karıştırın. Bir kapakla örtün ve karışımı ara sıra karıştırarak 45 dakika kısık ateşte pişirin. Sıcak servis yapın.

Bagara Et

(Rich Indian Gravy'de pişirilmiş et)

4 kişilik

İçindekiler

120ml/4 fl oz rafine bitkisel yağ

3 kırmızı biber

1 çay kaşığı kimyon tohumu

10 köri yaprağı

2 büyük soğan

½ çay kaşığı zerdeçal

1 tatlı kaşığı pul biber

1 çay kaşığı öğütülmüş kişniş

1 çay kaşığı demirhindi ezmesi

1 çay kaşığı garam masala

500g/1lb 2oz koyun eti, doğranmış

tatmak için tuz

500ml/16fl ons su

Baharat karışımı için:

2 yemek kaşığı susam

2 yemek kaşığı taze hindistan cevizi, rendelenmiş

2 yemek kaşığı fıstık

2,5 cm/1 inç kök zencefil

8 diş sarımsak

Yöntem

- Baharat karışımı için malzemeleri birlikte karıştırın. Pürüzsüz bir macun oluşturmak için bu karışımı yeterli suyla öğütün. Kenara koyun.
- Yağı bir tencerede ısıtın. Kırmızı biberleri, kimyon tohumlarını ve köri yapraklarını ekleyin. 15 saniye boyunca dağılmalarına izin verin.
- Soğanları ve baharat karışımını ekleyin. 4-5 dakika orta ateşte kızartın.
- Su hariç kalan malzemeleri ekleyin. 5-6 dakika kızartın.
- Suyu ekleyin. İyice karıştırın. Bir kapakla örtün ve 45 dakika pişirin. Sıcak servis yapın.

Hindistan Cevizi Sütünde Ciğer

4 kişilik

İçindekiler

750 gr/1 lb 10 oz karaciğer, 2,5 cm/1 inç parçalar halinde doğranmış

½ çay kaşığı zerdeçal

tatmak için tuz

500ml/16fl ons su

5 yemek kaşığı rafine bitkisel yağ

3 büyük soğan, ince doğranmış

1 yemek kaşığı zencefil, ince kıyılmış

1 yemek kaşığı diş sarımsak, ince kıyılmış

6 yeşil biber, uzunlamasına dilimlenmiş

2,5 cm/1 inç parçalar halinde doğranmış 3 büyük patates

1 yemek kaşığı malt sirkesi

500ml/16fl oz hindistan cevizi sütü

Baharat karışımı için:

3 adet kuru kırmızı biber

2,5 cm/1 inç tarçın

4 yeşil kakule bakla

1 çay kaşığı kimyon tohumu

8 karabiber

Yöntem

- Karaciğeri zerdeçal, tuz ve su ile karıştırın. Bir tencerede orta ateşte 40 dakika pişirin. Kenara koyun.
- Tüm baharat karışımı malzemelerini birlikte karıştırın ve pürüzsüz bir macun oluşturmak için yeterli su ile öğütün. Kenara koyun.
- Yağı bir tencerede ısıtın. Soğanları ekleyin ve şeffaflaşana kadar orta ateşte kızartın.
- Zencefili, sarımsağı ve yeşil biberi ekleyin. 2 dakika kızartın.
- Baharat karışımı ezmesini ekleyin. 1-2 dakika kızartmaya devam edin.
- Karaciğer karışımını, patatesleri, sirkeyi ve hindistancevizi sütünü ekleyin. 2 dakika iyice karıştırın. Bir kapakla örtün ve ara sıra karıştırarak 15 dakika pişirin. Sıcak servis yapın.

Yoğurtlu Kuzu Masala

4 kişilik

İçindekiler

200g yoğurt

tatmak için tuz

675g/1½lb kuzu, 2,5cm/1in parçalar halinde doğranmış

4 yemek kaşığı rafine bitkisel yağ

3 büyük soğan, ince doğranmış

3 havuç, doğranmış

3 domates, ince doğranmış

120ml/4 fl ons su

Baharat karışımı için:

25 gr/az 1 ons kişniş yaprağı, ince kıyılmış

¼ çay kaşığı zerdeçal

2,5 cm/1 inç kök zencefil

2 yeşil biber

8 diş sarımsak

4 kakule bakla

4 karanfil

5 cm/2 inç tarçın

3 köri yaprağı

¾ çay kaşığı zerdeçal

2 çay kaşığı öğütülmüş kişniş

1 tatlı kaşığı pul biber

½ çay kaşığı demirhindi ezmesi

Yöntem

- Tüm baharat karışımı malzemelerini birlikte karıştırın. Pürüzsüz bir macun oluşturmak için yeterli su ile öğütün.
- Salçayı yoğurt ve tuz ile iyice karıştırın. Kuzu bu karışımla 1 saat marine edin.
- Yağı bir tencerede ısıtın. Soğanları ekleyin ve şeffaflaşana kadar orta ateşte kızartın.
- Havuç ve domatesleri ekleyip 3-4 dakika kavurun.
- Marine edilmiş kuzu etini ve suyu ekleyin. İyice karıştırın. Bir kapakla örtün ve ara sıra karıştırarak 45 dakika pişirin. Sıcak servis yapın.

Khada Masala'daki Korma

(Kalın Sosta Baharatlı Kuzu)

4 kişilik

İçindekiler

75g/2½oz yağ

3 adet siyah kakule

6 karanfil

2 defne yaprağı

½ çay kaşığı kimyon tohumu

2 büyük soğan, dilimlenmiş

3 adet kuru kırmızı biber

2,5 cm/1 inç kök zencefil, ince kıyılmış

20 diş sarımsak

5 adet yeşil biber, uzunlamasına ikiye bölünmüş

675g/1½lb koyun eti, doğranmış

½ çay kaşığı toz biber

2 çay kaşığı öğütülmüş kişniş

6-8 arpacık soğan, soyulmuş

200g/7oz konserve bezelye

750 ml/1¼fl ons su

2 yemek kaşığı ılık suda eritilmiş bir tutam safran

tatmak için tuz

1 çay kaşığı limon suyu

200g yoğurt

1 yemek kaşığı kişniş yaprağı, ince kıyılmış

4 haşlanmış yumurta, ikiye bölünmüş

Yöntem

- Yağı bir tencerede ısıtın. Kakule, karanfil, defne yaprağı ve kimyon tohumlarını ekleyin. 30 saniye boyunca tükürmelerine izin verin.
- Soğanları ekleyin ve orta ateşte pembeleşinceye kadar kavurun.
- Kuru kırmızı biber, zencefil, sarımsak ve yeşil biberleri ekleyin. Bir dakika kızartın.
- Koyun eti ekleyin. 5-6 dakika kızartın.
- Biber tozu, öğütülmüş kişniş, arpacık ve bezelye ekleyin. 3-4 dakika kızartmaya devam edin.
- Su, safran karışımı, tuz ve limon suyunu ekleyin. 2-3 dakika iyice karıştırın. Bir kapakla örtün ve 20 dakika pişirin.
- Ocağın altını kapatıp yoğurdu ekleyin. İyice karıştırın. Tekrar örtün ve ara sıra karıştırarak 20-25 dakika kaynamaya devam edin.
- Kişniş yaprakları ve yumurta ile süsleyin. Sıcak servis yapın.

Kuzu & Böbrek Köri

4 kişilik

İçindekiler

5 yemek kaşığı rafine bitkisel yağ artı derin kızartma için ekstra

4 büyük patates, uzun şeritler halinde doğranmış

3 büyük soğan, ince doğranmış

3 büyük domates, ince doğranmış

¼ çay kaşığı zerdeçal

1 tatlı kaşığı pul biber

2 çay kaşığı öğütülmüş kişniş

1 çay kaşığı öğütülmüş kimyon

25 kaju fıstığı, kabaca ezilmiş

4 böbrek, doğranmış

500g/1lb 2oz kuzu, 5cm/2in parçalar halinde doğranmış

1 limon suyu

1 çay kaşığı öğütülmüş karabiber

tatmak için tuz

500ml/16fl ons su

4 haşlanmış yumurta, dörde bölünmüş

10g/¼oz kişniş yaprağı, ince kıyılmış

Baharat karışımı için:

1½ çay kaşığı zencefil ezmesi

1½ çay kaşığı sarımsak ezmesi

4-5 yeşil biber

4 kakule bakla

6 karanfil

1 çay kaşığı çörek otu

1½ yemek kaşığı malt sirkesi

Yöntem

- Baharat karışımı için tüm malzemeleri karıştırın ve pürüzsüz bir macun oluşturmak için yeterli su ile öğütün. Kenara koyun.
- Derin bir tavada kızartmak için sıvı yağı kızdırın. Patatesleri ekleyin ve orta ateşte 3-4 dakika kızartın. Süzün ve bir kenara koyun.
- Bir tencerede 5 yemek kaşığı yağı kızdırın. Soğanları ekleyin ve şeffaflaşana kadar orta ateşte kızartın.
- Baharat karışımı ezmesini ekleyin. Sık sık karıştırarak 2-3 dakika kızartın.
- Domates, zerdeçal, toz kırmızı biber, öğütülmüş kişniş ve öğütülmüş kimyonu ekleyin. 2-3 dakika kızartmaya devam edin.

- Kaju fıstığı, böbrek ve kuzu ekleyin. 6-7 dakika kızartın.

- Limon suyu, karabiber, tuz ve suyu ekleyin. İyice karıştırın. Bir kapakla örtün ve ara sıra karıştırarak 45 dakika pişirin.
- Yumurta ve kişniş yaprakları ile süsleyin. Sıcak servis yapın.

Gosht Gulfaam

(Keçi Peynirli Koyun Eti)

4 kişilik

İçindekiler

675g kemiksiz koyun eti

300g keçi peyniri, süzülmüş

200g/7oz hoya*

150g karışık kuru meyve, ince kıyılmış

6 yeşil biber, ince kıyılmış

25g/yetersiz 1 ons kişniş yaprağı, ince kıyılmış

2 haşlanmış yumurta

Sosu için:

¾ yemek kaşığı rafine bitkisel yağ

3 büyük soğan, ince doğranmış

5 cm/2 inç kök zencefil, ince kıyılmış

10 diş sarımsak, ince kıyılmış

3 domates, ince doğranmış

1 tatlı kaşığı pul biber

120ml/4 fl ons kuzu suyu

tatmak için tuz

Yöntem
- Koyun eti bifteğe benzeyene kadar düzleştirin.
- Keçi peyniri, khoya, kuru meyveler, yeşil biber ve kişniş yapraklarını karıştırın. Bu karışımı yumuşak bir hamur yoğurun.
- Hamuru düzleştirilmiş koyun eti üzerine yayın ve ortasına yumurtaları yerleştirin.
- Hamur ve yumurta içeride kalacak şekilde koyunu sıkıca yuvarlayın. Folyoya sarın ve 180°C (350°F, Gas Mark 4) fırında 1 saat pişirin. Kenara koyun.
- Sosu hazırlamak için yağı bir sos tavasında kızdırın. Soğanları ekleyin ve şeffaflaşana kadar orta ateşte kızartın.
- Zencefili ve sarımsağı ekleyin. Bir dakika kızartın.
- Domates ve pul biberi ekleyin. Sık sık karıştırarak 2 dakika kızartmaya devam edin.
- Et suyunu ve tuzu ekleyin. İyice karıştırın. Ara sıra karıştırarak 10 dakika pişirin. Kenara koyun.
- Pişen etli ruloyu dilimleyin ve dilimleri servis tabağına dizin. Üzerlerine sosu gezdirip sıcak servis yapın.

Kuzu Do Pyaaza

(Soğanlı Kuzu)

4 kişilik

İçindekiler

120ml/4 fl oz rafine bitkisel yağ

1 çay kaşığı zerdeçal

3 defne yaprağı

4 karanfil

5 cm/2 inç tarçın

6 adet kuru kırmızı biber

4 yeşil kakule bakla

6 büyük soğan, 2 doğranmış, 4 dilimlenmiş

3 yemek kaşığı zencefil ezmesi

3 yemek kaşığı sarımsak ezmesi

2 domates, ince doğranmış

8 arpacık, yarıya

2 çay kaşığı garam masala

2 çay kaşığı öğütülmüş kişniş

4 çay kaşığı öğütülmüş kimyon

1½ çay kaşığı rendelenmiş topuz

½ rendelenmiş hindistan cevizi

2 çay kaşığı öğütülmüş karabiber

tatmak için tuz

675g/1½lb kuzu, doğranmış

250ml/8 fl ons su

10g/¼oz kişniş yaprağı, ince kıyılmış

2,5 cm/1 inç kök zencefil, jülyen doğranmış

Yöntem

- Yağı bir tencerede ısıtın. Zerdeçal, defne yaprağı, karanfil, tarçın, kırmızı biber ve kakule ekleyin. 30 saniye boyunca tükürmelerine izin verin.
- Doğranmış soğanları ekleyin. Yarı saydam olana kadar orta ateşte kızartın.
- Zencefil ezmesini ve sarımsak ezmesini ekleyin. Bir dakika kızartın.
- Domates, arpacık soğan, garam masala, öğütülmüş kişniş, öğütülmüş kimyon, topuz, küçük hindistan cevizi, biber ve tuzu ekleyin. 2-3 dakika kızartmaya devam edin.
- Kuzu eti ve dilimlenmiş soğanı ekleyin. İyice karıştırın ve 6-7 dakika kızartın.
- Suyu ekleyin ve bir dakika karıştırın. Bir kapakla örtün ve ara sıra karıştırarak 30 dakika pişirin.
- Kişniş yaprakları ve zencefil ile süsleyin. Sıcak servis yapın.

balık kebabı

4 kişilik

İçindekiler

1kg/2¼lb kılıç balığı, derisi alınmış ve filetosu çıkarılmış

4 yemek kaşığı rafine bitkisel yağ artı kızartma için ekstra

75g chana dhal*, 250ml/9oz suda 30 dakika bekletilmiş

3 karanfil

½ çay kaşığı kimyon tohumu

2,5 cm/1 inç kök zencefil, rendelenmiş

10 diş sarımsak

2,5 cm/1 inç tarçın

2 siyah kakule bakla

8 karabiber

4 adet kuru kırmızı biber

¾ çay kaşığı zerdeçal

1 yemek kaşığı süzme yoğurt

1 tatlı kaşığı çörek otu tohumu

Doldurma için:

2 kuru incir, ince kıyılmış

4 adet kuru kayısı, ince doğranmış

1 limon suyu

10g/¼oz nane yaprağı, ince kıyılmış

10g/¼oz kişniş yaprağı, ince kıyılmış

tatmak için tuz

Yöntem

- Balıkları orta ateşte 10 dakika buharda pişirin. Kenara koyun.

- 2 yemek kaşığı yağı bir tavada kızdırın. Dhal'ı boşaltın ve altın rengi kahverengi olana kadar orta ateşte kızartın.

- Dhal'i karanfil, kimyon tohumu, zencefil, sarımsak, tarçın, kakule, karabiber, kırmızı biber, zerdeçal, yoğurt ve çörek otu tohumları ile karıştırın. Pürüzsüz bir macun oluşturmak için bu karışımı yeterli suyla öğütün. Kenara koyun.

- Bir tencerede 2 yemek kaşığı yağı ısıtın. Bu salçayı ekleyip orta ateşte 4-5 dakika kavurun.

- Haşlanmış balığı ekleyin. İyice karıştırın ve 2 dakika karıştırın.

- Karışımı 8 porsiyona bölün ve köfte şekli verin. Kenara koyun.

- Tüm doldurma malzemelerini birlikte karıştırın. 8 porsiyona bölün.

- Köfteleri yassılaştırın ve iç malzemeden bir kısmını her köftenin üzerine dikkatlice yerleştirin. Bir kese gibi kapatın ve bir top oluşturmak için tekrar yuvarlayın. Topları düzleştirin.

- Kızartmak için sıvı yağı tavada kızdırın. Köfteleri ekleyin ve altın sarısı bir renk alana kadar orta ateşte kızartın. Çevir ve tekrarla.

- Emici kağıt üzerine boşaltın ve sıcak servis yapın.

Balık pirzolası

4 kişilik

İçindekiler

500g/1lb 2oz maymunbalığı kuyruğu, derisi alınmış ve filetosu çıkarılmış

500ml/16fl ons su

tatmak için tuz

1 yemek kaşığı rafine bitkisel yağ artı derin kızartma için ekstra

1 yemek kaşığı zencefil ezmesi

1 yemek kaşığı sarımsak ezmesi

1 büyük soğan, ince rendelenmiş

4 yeşil biber, rendelenmiş

½ çay kaşığı zerdeçal

1 çay kaşığı garam masala

1 çay kaşığı öğütülmüş kimyon

1 tatlı kaşığı pul biber

1 domates, beyazlatılmış ve dilimlenmiş

25 gr/az 1 ons kişniş yaprağı, ince kıyılmış

2 yemek kaşığı nane yaprağı, ince kıyılmış

400g pişmiş bezelye

2 dilim ekmek, suda bekletilip süzülmüş

50g/1¾oz galeta unu

Yöntem

- Balıkları suyla birlikte bir tencereye alın. Tuz ekleyin ve orta ateşte 20 dakika kaynatın. Süzün ve bir kenara koyun.

- Doldurmak için 1 yemek kaşığı sıvı yağı bir sos tavasında kızdırın. Zencefil ezmesi, sarımsak ezmesi ve soğanı ekleyin. Orta ateşte 2-3 dakika soteleyin.

- Yeşil biberleri, zerdeçal, garam masala, öğütülmüş kimyon ve kırmızı toz biberi ekleyin. Bir dakika kızartın.

- Domatesi ekleyin. 3-4 dakika kızartın.

- Kişniş yapraklarını, nane yapraklarını, bezelyeleri ve ekmek dilimlerini ekleyin. İyice karıştırın. Kısık ateşte ara sıra karıştırarak 7-8 dakika pişirin. Ateşten alın ve karışımı iyice yoğurun. 8 eşit parçaya bölün ve kenarda bekletin.

- Haşlanmış balığı ezin ve 8 porsiyona bölün.

- Her balık parçasını bir fincan gibi şekillendirin ve doldurma karışımının bir kısmı ile doldurun. Kese gibi kapatın, top haline getirin ve pirzola gibi şekillendirin. Kalan balık porsiyonları ve doldurma karışımı için tekrarlayın.

- Kızartmak için yağı bir tavada kızdırın. Köfteleri galeta ununa bulayıp orta ateşte altın sarısı bir renk alana kadar kızartın. Sıcak servis yapın.

Balık Sookha

(Baharatlarda Kuru Balık)

4 kişilik

İçindekiler

1cm/½in kök zencefil

10 diş sarımsak

1 yemek kaşığı kişniş yaprağı, ince kıyılmış

3 yeşil biber

1 çay kaşığı zerdeçal

3 çay kaşığı toz biber

tatmak için tuz

1kg/2¼lb kılıç balığı, derisi alınmış ve filetosu çıkarılmış

50g/1¾oz kurutulmuş hindistan cevizi

6-7 kokum*, 120 ml/4 fl oz suda 1 saat ıslatılmış

4 yemek kaşığı rafine bitkisel yağ

60ml/2 fl ons su

Yöntem

- Zencefili, sarımsağı, kişniş yapraklarını, yeşil biberleri, zerdeçalı, pul biberi ve tuzu karıştırın. Bu karışımı pürüzsüz bir macun haline getirin.

- Balıkları salça ile 1 saat marine edin.

- Bir tencereyi ısıtın. Hindistan cevizini ekleyin. Orta ateşte bir dakika kavurun.

- Kokum meyvelerini atın ve kokum suyunu ekleyin. İyice karıştırın. Ateşten alın ve bu karışımı marine edilmiş balığa ekleyin.

- Yağı bir tencerede ısıtın. Balık karışımını ekleyin ve orta ateşte 4-5 dakika pişirin.

- Suyu ekleyin. İyice karıştırın. Bir kapakla örtün ve ara sıra karıştırarak 20 dakika pişirin.

- Sıcak servis yapın.

Mahya Kalia

(Hindistan Cevizli, Susamlı ve Fıstıklı Balık)

4 kişilik

İçindekiler

100g/3½oz taze hindistan cevizi, rendelenmiş

1 tatlı kaşığı susam

1 yemek kaşığı fıstık

1 yemek kaşığı demirhindi ezmesi

1 çay kaşığı zerdeçal

1 çay kaşığı öğütülmüş kişniş

tatmak için tuz

250ml/8 fl ons su

500g/1lb 2oz kılıç balığı filetosu

1 yemek kaşığı kişniş yaprağı, doğranmış

Yöntem

- Hindistan cevizi, susam ve fıstıkları birlikte kavurun. Demirhindi ezmesi, zerdeçal, öğütülmüş kişniş ve tuzla karıştırın. Pürüzsüz bir macun oluşturmak için yeterli su ile öğütün.

- Bu karışımı kalan su ile bir tencerede orta ateşte 10 dakika sık sık karıştırarak pişirin. Balık filetolarını ekleyin ve 10-12 dakika pişirin. Kişniş yaprakları ile süsleyip sıcak servis yapın.

Karides Körili Rosachi

(Hindistan cevizi ile pişirilmiş karides)

4 kişilik

İçindekiler

200g/7oz taze hindistan cevizi, rendelenmiş

5 kırmızı biber

1½ çay kaşığı kişniş tohumu

1½ çay kaşığı haşhaş tohumu

1 çay kaşığı kimyon tohumu

½ çay kaşığı zerdeçal

6 diş sarımsak

120ml/4 fl oz rafine bitkisel yağ

2 büyük soğan, ince doğranmış

2 domates, ince doğranmış

250g/9oz karides, kabuklu ve damarları alınmış

tatmak için tuz

Yöntem

- Hindistan cevizi, kırmızı biber, kişniş, haşhaş tohumu, kimyon tohumu, zerdeçal ve sarımsağı pürüzsüz bir macun oluşturmak için yeterli suyla öğütün. Kenara koyun.

- Yağı bir tencerede ısıtın. Soğanları kahverengi olana kadar kısık ateşte kızartın.

- Öğütülmüş hindistancevizi-kırmızı biber salçası, domates, karides ve tuzu ekleyin. İyice karıştırın. Ara sıra karıştırarak 15 dakika pişirin. Sıcak servis yapın.

Hurma ve Badem Dolgulu Balık

4 kişilik

İçindekiler

4 alabalık, her biri 250 gr, dikey olarak kesilmiş

½ çay kaşığı toz biber

1 çay kaşığı zencefil ezmesi

250g taze çekirdeksiz hurma, beyazlatılmış ve ince kıyılmış

75g badem, beyazlatılmış ve ince kıyılmış

2-3 yemek kaşığı haşlanmış pirinç (bkz.Burada)

1 çay kaşığı şeker

¼ çay kaşığı tarçın

½ çay kaşığı öğütülmüş karabiber

tatmak için tuz

1 büyük soğan, ince dilimlenmiş

Yöntem

- Balıkları pul biber ve zencefil salçası ile 1 saat marine edin.

- Hurmaları, bademleri, pirinci, şekeri, tarçını, karabiberi ve tuzu karıştırın. Yumuşak bir hamur oluşturmak için yoğurun. Kenara koyun.

- Marine edilmiş balıkların yarıklarına hurma-badem hamurunu doldurun. Doldurulmuş balığı bir alüminyum folyo üzerine yerleştirin ve üzerine soğan serpin.

- Balık ve soğanı folyonun içine sarın ve kenarlarını sıkıca kapatın.

- 200°C (400°F, Gas Mark 6) fırında 15-20 dakika pişirin. Folyoyu açın ve balığı 5 dakika daha pişirin. Sıcak servis yapın.

Tandır Balığı

4 kişilik

İçindekiler

1 çay kaşığı zencefil ezmesi

1 tatlı kaşığı sarımsak ezmesi

½ çay kaşığı garam masala

1 tatlı kaşığı pul biber

1 yemek kaşığı limon suyu

tatmak için tuz

500g/1lb 2oz maymunbalığı kuyruğu filetosu

1 yemek kaşığı chaat masala*

Yöntem

- Zencefil ezmesi, sarımsak ezmesi, garam masala, kırmızı toz biber, limon suyu ve tuzu karıştırın.

- Balık üzerinde kesikler yapın. Zencefil-sarımsak karışımı ile 2 saat marine edin.

- Balıkları 15 dakika ızgara yapın. Chaat masala serpin. Sıcak servis yapın.

Sebzeli Balık

4 kişilik

İçindekiler

750g/1lb 10oz somon filetosu, derisi alınmış

½ çay kaşığı zerdeçal

tatmak için tuz

2 yemek kaşığı hardal yağı

¼ çay kaşığı hardal tohumu

¼ çay kaşığı rezene tohumu

¼ çay kaşığı soğan tohumları

¼ çay kaşığı çemen tohumu

¼ çay kaşığı kimyon tohumu

2 defne yaprağı

2 adet kuru kırmızı biber, ikiye bölünmüş

1 büyük soğan, ince dilimlenmiş

2 büyük yeşil biber, uzunlamasına kesilmiş

½ çay kaşığı şeker

125g konserve bezelye

1 büyük patates, şeritler halinde doğranmış

2-3 küçük patlıcan, jülyen doğranmış

250ml/8 fl ons su

Yöntem

- Balıkları zerdeçal ve tuzla 30 dakika marine edin.

- Yağı bir tencerede ısıtın. Marine edilmiş balıkları ekleyin ve ara sıra çevirerek orta ateşte 4-5 dakika kızartın. Süzün ve bir kenara koyun.

- Aynı yağa hardal, rezene, soğan, çemen otu ve kimyon tohumlarını ekleyin. 15 saniye boyunca dağılmalarına izin verin.

- Defne yapraklarını ve kırmızı biberi ekleyin. 30 saniye kızartın.

- Soğanı ve yeşil biberi ekleyin. Orta ateşte soğan kahverengileşinceye kadar kavurun.

- Şekeri, bezelyeyi, patatesi ve patlıcanı ekleyin. İyice karıştırın. Karışımı 7-8 dakika karıştırarak kızartın.

- Kızarmış balıkları ve suyu ekleyin. İyice karıştırın. Bir kapakla örtün ve ara sıra karıştırarak 12-15 dakika pişirin.

- Sıcak servis yapın.

Tandır Gülnar

(Tandırda pişirilmiş alabalık)

4 kişilik

İçindekiler

4 alabalık, her biri 250 gr

Üzerine sürmek için tereyağı

İlk marine için:

120ml/4 fl ons malt sirkesi

2 yemek kaşığı limon suyu

2 çay kaşığı sarımsak ezmesi

½ çay kaşığı toz biber

tatmak için tuz

İkinci marine için:

400g/14oz yoğurt

1 yumurta

1 tatlı kaşığı sarımsak ezmesi

2 çay kaşığı zencefil ezmesi

120ml/4fl oz taze tek krem

180g/6½oz şeker*

Yeşil Masala'da Karides

4 kişilik

İçindekiler

1cm/½in kök zencefil

8 diş sarımsak

3 yeşil biber, uzunlamasına dilimlenmiş

50g/1¾oz kişniş yaprağı, doğranmış

1½ yemek kaşığı rafine bitkisel yağ

2 büyük soğan, ince doğranmış

2 domates, ince doğranmış

500g/1lb 2oz büyük karides, kabuklu ve damarları alınmış

1 çay kaşığı demirhindi ezmesi

tatmak için tuz

½ çay kaşığı zerdeçal

Yöntem

- Zencefil, sarımsak, biber ve kişniş yapraklarını birlikte öğütün. Kenara koyun.
- Yağı bir tencerede ısıtın. Soğanları kahverengi olana kadar kısık ateşte kızartın.
- Zencefil-sarımsak ezmesini ve domatesleri ekleyin. 4-5 dakika kızartın.
- Karidesleri, demirhindi ezmesini, tuzu ve zerdeçal ekleyin. İyice karıştırın. Ara sıra karıştırarak 15 dakika pişirin. Sıcak servis yapın.

balık pirzola

4 kişilik

İçindekiler

2 yumurta

1 yemek kaşığı sade beyaz un

tatmak için tuz

400g John Dory, derisi alınmış ve filetosu çıkarılmış

500ml/16fl ons su

2 büyük patates, haşlanmış ve ezilmiş

1½ çay kaşığı garam masala

1 büyük soğan, rendelenmiş

1 çay kaşığı zencefil ezmesi

Derin kızartma için rafine bitkisel yağ

200g galeta unu

Yöntem

- Yumurtaları un ve tuzla çırpın. Kenara koyun.
- Balıkları tuzlu suda bir tencerede orta ateşte 15-20 dakika pişirin. Süzün ve patates, garam masala, soğan, zencefil ezmesi ve tuzla yumuşak bir hamur yoğurun.
- 16 parçaya bölün, toplar halinde yuvarlayın ve pirzola oluşturmak için hafifçe düzleştirin.
- Yağı bir tavada ısıtın. Köfteleri çırpılmış yumurtaya bulayın, galeta ununa bulayın ve kısık ateşte kızarana kadar kızartın. Sıcak servis yapın.

Parsi Balık Sas

(Beyaz Sosta Pişirilmiş Balık)

4 kişilik

İçindekiler

1 yemek kaşığı pirinç unu

1 yemek kaşığı şeker

60ml/2 fl ons malt sirkesi

2 yemek kaşığı rafine bitkisel yağ

2 büyük soğan, ince dilimlenmiş

½ çay kaşığı zencefil ezmesi

½ çay kaşığı sarımsak ezmesi

1 çay kaşığı öğütülmüş kimyon

tatmak için tuz

250ml/8 fl ons su

8 fileto limon tabanı

2 yumurta, çırpılmış

Yöntem

- Pirinç ununu şeker ve sirke ile hamur haline getirin. Kenara koyun.
- Yağı bir tencerede ısıtın. Soğanları kahverengi olana kadar kısık ateşte kızartın.
- Zencefil ezmesini, sarımsak ezmesini, kimyonu, tuzu, suyu ve balığı ekleyin. Kısık ateşte ara sıra karıştırarak 25 dakika pişirin.
- Un karışımını ekleyin ve bir dakika pişirin.
- Yavaşça yumurtaları ekleyin. Bir dakika karıştırın. Üzerini süsleyip sıcak servis yapın.

Peşavari Mahhi

4 kişilik

İçindekiler

3 yemek kaşığı rafine bitkisel yağ

1kg/2¼lb somon, biftek şeklinde dilimlenmiş

2,5 cm/1 inç kök zencefil, rendelenmiş

8 diş sarımsak, ezilmiş

2 büyük soğan, öğütülmüş

3 domates, beyazlatılmış ve doğranmış

1 çay kaşığı garam masala

400g/14oz yoğurt

¾ çay kaşığı zerdeçal

1 çay kaşığı amkor*

tatmak için tuz

Yöntem

- Yağı ısıt. Balıkları altın rengi olana kadar kısık ateşte kızartın. Süzün ve bir kenara koyun.
- Aynı yağa zencefil, sarımsak ve soğanı ekleyin. 6 dakika kısık ateşte kızartın. Kızarmış balığı ve kalan tüm malzemeleri ekleyin. İyice karıştırın.
- 20 dakika demlendirip sıcak servis yapın.

Yengeç Köri

4 kişilik

İçindekiler

4 orta boy yengeç, temizlenmiş (bkz.pişirme teknikleri)

tatmak için tuz

1 çay kaşığı zerdeçal

½ hindistan cevizi, rendelenmiş

6 diş sarımsak

4-5 kırmızı biber

1 yemek kaşığı kişniş tohumu

1 yemek kaşığı kimyon tohumu

1 çay kaşığı demirhindi ezmesi

3-4 sivri biber, uzunlamasına ikiye bölünmüş

1 yemek kaşığı rafine bitkisel yağ

1 büyük soğan, ince kıyılmış

Yöntem

- Yengeçleri tuz ve zerdeçalla 30 dakika marine edin.
- Pürüzsüz bir macun oluşturmak için yağ ve soğan hariç kalan tüm malzemeleri yeterli suyla öğütün.
- Yağı bir tencerede ısıtın. Öğütülmüş salçayı ve soğanı kısık ateşte soğanlar pembeleşinceye kadar kavurun. Biraz su ekleyin. Ara sıra karıştırarak 7-8 dakika pişirin. Marine edilmiş yengeçleri ekleyin. İyice karıştırın ve 5 dakika pişirin. Sıcak servis yapın.

hardal balığı

4 kişilik

İçindekiler

8 yemek kaşığı hardal yağı

4 alabalık, her biri 250 gr

2 çay kaşığı öğütülmüş kimyon

2 çay kaşığı öğütülmüş hardal

1 çay kaşığı öğütülmüş kişniş

½ çay kaşığı zerdeçal

120ml/4 fl ons su

tatmak için tuz

Yöntem

- Yağı bir tencerede ısıtın. Balıkları ekleyin ve orta ateşte 1-2 dakika kızartın. Balığı çevirin ve tekrarlayın. Süzün ve bir kenara koyun.
- Aynı yağa kimyon, hardal ve kişniş ekleyin. 15 saniye boyunca dağılmalarına izin verin.
- Zerdeçal, su, tuz ve kızarmış balığı ekleyin. İyice karıştırın ve 10-12 dakika pişirin. Sıcak servis yapın.

Meen Vattihathu

(Baharatlarla Pişirilmiş Kırmızı Balık)

4 kişilik

İçindekiler

600g/1lb 5oz kılıç balığı, derisi alınmış ve filetosu çıkarılmış

½ çay kaşığı zerdeçal

tatmak için tuz

3 yemek kaşığı rafine bitkisel yağ

½ çay kaşığı hardal tohumu

½ çay kaşığı çemen tohumu

8 köri yaprağı

2 büyük soğan, ince dilimlenmiş

8 diş sarımsak, ince kıyılmış

5 cm/2 inç zencefil, ince dilimlenmiş

6 kokum*

Yöntem

- Balıkları zerdeçal ve tuzla 2 saat marine edin.
- Yağı bir tencerede ısıtın. Hardal ve çemen tohumlarını ekleyin. 15 saniye boyunca dağılmalarına izin verin. Kalan tüm malzemeleri ve marine edilmiş balığı ekleyin. 15 dakika kısık ateşte karıştırarak kavurun. Sıcak servis yapın.

Doi Maach

(Yoğurtta pişmiş balık)

4 kişilik

İçindekiler

4 alabalık, derisi alınmış ve filetosu çıkarılmış

2 yemek kaşığı rafine bitkisel yağ

2 defne yaprağı

1 büyük soğan, ince kıyılmış

2 çay kaşığı şeker

tatmak için tuz

200g yoğurt

Marine için:

3 karanfil

5 cm/2 inç parça tarçın

3 yeşil kakule bakla

5cm/2in kök zencefil

1 büyük soğan, ince dilimlenmiş

1 çay kaşığı zerdeçal

tatmak için tuz

Yöntem

- Tüm marine malzemelerini birlikte öğütün. Balıkları bu karışımla 30 dakika marine edin.
- Yağı bir tencerede ısıtın. Defne yapraklarını ve soğanı ekleyin. 3 dakika kısık ateşte kızartın. Şekeri, tuzu ve marine edilmiş balığı ekleyin. İyice karıştırın.
- 10 dakika soteleyin. Yoğurdu ekleyin ve 8 dakika pişirin. Sıcak servis yapın.

kızarmış balık

4 kişilik

İçindekiler

6 yemek kaşığı bezelye*

2 çay kaşığı garam masala

1 çay kaşığı amkor*

1 tatlı kaşığı ajowan tohumu

1 çay kaşığı zencefil ezmesi

1 tatlı kaşığı sarımsak ezmesi

tatmak için tuz

675g maymunbalığı kuyruğu, derisi alınmış ve filetosu çıkarılmış

Derin kızartma için rafine bitkisel yağ

Yöntem

- Balık ve yağ hariç tüm malzemeleri kalın bir hamur oluşturacak kadar suyla karıştırın. Balıkları bu hamurla 4 saat marine edin.
- Yağı bir tavada ısıtın. Balıkları ekleyin ve orta ateşte 4-5 dakika kızartın. 2-3 dakika tekrar çevirin ve kızartın. Sıcak servis yapın.

Macher pirzola

4 kişilik

İçindekiler

500g/1lb 2oz somon, derisi alınmış ve filetosu çıkarılmış

tatmak için tuz

500ml/16fl ons su

250g patates, haşlanmış ve ezilmiş

200ml/7 fl ons hardal yağı

2 büyük soğan, ince doğranmış

½ çay kaşığı zencefil ezmesi

½ çay kaşığı sarımsak ezmesi

1½ çay kaşığı garam masala

1 yumurta, çırpılmış

200g galeta unu

Derin kızartma için rafine bitkisel yağ

Yöntem

- Balıkları tuz ve su ile bir tencereye koyun. Orta ateşte 15 dakika pişirin. Süzün ve patateslerle birlikte ezin. Kenara koyun.
- Yağı bir tavada ısıtın. Soğanları ekleyin ve orta ateşte kahverengi olana kadar kızartın. Balık karışımını ve

yumurta ve ekmek kırıntıları hariç kalan tüm malzemeleri ekleyin. İyice karıştırın ve 10 dakika kısık ateşte pişirin.

- Soğutun ve limon büyüklüğünde toplara bölün. Yassılaştırın ve pirzola şekli verin.
- Kızartmak için yağı bir tavada kızdırın. Köfteleri yumurtaya bulayın, galeta ununa bulayın ve orta ateşte kızarana kadar kızartın. Sıcak servis yapın.

Goa Kılıç Balığı

(Goan Usulü ile pişirilmiş kılıç balığı)

4 kişilik

İçindekiler

50g/1¾oz taze hindistan cevizi, rendelenmiş

1 çay kaşığı kişniş tohumu

1 çay kaşığı kimyon tohumu

1 çay kaşığı haşhaş tohumu

4 diş sarımsak

1 yemek kaşığı demirhindi ezmesi

250ml/8 fl ons su

Kızartma için rafine bitkisel yağ

1 büyük soğan, ince kıyılmış

1 yemek kaşığı kokum*

tatmak için tuz

½ çay kaşığı zerdeçal

4 kılıç balığı bifteği

Yöntem

- Hindistan cevizi, kişniş tohumu, kimyon tohumu, haşhaş tohumu, sarımsak ve demirhindi ezmesini pürüzsüz bir macun oluşturmak için yeterli suyla öğütün. Kenara koyun.
- Yağı bir tencerede ısıtın. Soğanı ekleyip orta ateşte rengi dönene kadar kavurun.
- Öğütülmüş salçayı ekleyin ve 2 dakika kızartın. Kalan malzemeleri ekleyin. İyice karıştırın ve 15 dakika pişirin. Sıcak servis yapın.

Kuru Balık Masala

4 kişilik

İçindekiler

6 somon fileto

¼ taze hindistan cevizi, rendelenmiş

7 kırmızı biber

1 yemek kaşığı zerdeçal

tatmak için tuz

Yöntem

- Balık filetolarını 20 dakika ızgarada pişirin. Kenara koyun.
- Pürüzsüz bir macun oluşturmak için kalan malzemeleri birlikte öğütün.
- Balıkla karıştırın. Karışımı bir tencerede 15 dakika kısık ateşte pişirin. Sıcak servis yapın.

Madras Karides Köri

4 kişilik

İçindekiler

3 yemek kaşığı rafine bitkisel yağ

3 büyük soğan, ince doğranmış

12 diş sarımsak, kıyılmış

3 domates, beyazlatılmış ve doğranmış

½ çay kaşığı zerdeçal

tatmak için tuz

1 tatlı kaşığı pul biber

2 yemek kaşığı demirhindi ezmesi

750g/1lb 10oz orta boy karides, kabuklu ve damarları alınmış

4 yemek kaşığı hindistan cevizi sütü

Yöntem

- Yağı bir tencerede ısıtın. Soğan ve sarımsağı ekleyip orta ateşte bir dakika kadar kavurun. Domates, zerdeçal, tuz, pul biber, demirhindi salçası ve karidesleri ekleyin. İyice karıştırın ve 7-8 dakika kızartın.
- Hindistan cevizi sütünü ekleyin. 10 dakika demlendirip sıcak servis yapın.

Çemen otunda balık

4 kişilik

İçindekiler

8 yemek kaşığı rafine bitkisel yağ

500g/1lb 2oz somon filetosu

1 yemek kaşığı sarımsak ezmesi

75g/2½oz taze çemen otu yaprağı, ince kıyılmış

4 domates, ince doğranmış

2 çay kaşığı öğütülmüş kişniş

1 çay kaşığı öğütülmüş kimyon

1 çay kaşığı limon suyu

tatmak için tuz

1 çay kaşığı zerdeçal

75g/2½oz sıcak su

Yöntem

- 4 yemek kaşığı yağı bir tavada kızdırın. Balıkları ekleyin ve her iki tarafı da altın rengi kahverengi olana kadar orta ateşte kızartın. Süzün ve bir kenara koyun.
- Bir tencerede 4 yemek kaşığı yağı ısıtın. Sarımsak ezmesini ekleyin. Bir dakika kısık ateşte kızartın. Su hariç kalan malzemeleri ekleyin. 4-5 dakika karıştırarak kızartın.
- Suyu ve kızarmış balığı ekleyin. İyice karıştırın. Bir kapakla örtün ve ara sıra karıştırarak 10-15 dakika pişirin. Sıcak servis yapın.

Karimeen Porichathu

(Masala'da Balık Filetosu)

4 kişilik

İçindekiler

1 tatlı kaşığı pul biber

1 yemek kaşığı öğütülmüş kişniş

1 çay kaşığı zerdeçal

1 çay kaşığı zencefil ezmesi

2 yeşil biber, ince kıyılmış

1 limon suyu

8 köri yaprağı

tatmak için tuz

8 somon fileto

Kızartma için rafine bitkisel yağ

Yöntem

- Balık ve yağ hariç tüm malzemeleri karıştırın.
- Balıkları bu karışımla marine edin ve 2 saat buzdolabında bekletin.
- Yağı bir tavada ısıtın. Balık parçalarını ekleyin ve orta ateşte kızarana kadar kızartın.
- Sıcak servis yapın.

Jumbo Karides

4 kişilik

İçindekiler

500g/1lb 2oz büyük karides, kabuklu ve damarları alınmış

1 çay kaşığı zerdeçal

½ çay kaşığı toz biber

tatmak için tuz

3 yemek kaşığı rafine bitkisel yağ

1 büyük soğan, ince kıyılmış

1 cm/½ inç kök zencefil, ince kıyılmış

10 diş sarımsak, ince kıyılmış

2-3 yeşil biber, uzunlamasına kesilmiş

½ çay kaşığı şeker

250ml/8 fl oz hindistan cevizi sütü

1 yemek kaşığı kişniş yaprağı, ince kıyılmış

Yöntem

- Karidesleri zerdeçal, pul biber ve tuzla 1 saat marine edin.
- Yağı bir tencerede ısıtın. Soğanı, zencefili, sarımsağı ve yeşil biberleri ekleyip orta ateşte 2-3 dakika kavurun.
- Şeker, tuz ve marine edilmiş karidesleri ekleyin. İyice karıştırın ve 10 dakika soteleyin. Hindistan cevizi sütünü ekleyin. 15 dakika kaynatın.
- Kişniş yaprakları ile süsleyip sıcak servis yapın.

balık turşusu

4 kişilik

İçindekiler

Kızartma için rafine bitkisel yağ

1kg/2¼lb kılıç balığı, derisi alınmış ve filetosu çıkarılmış

1 çay kaşığı zerdeçal

12 adet kuru kırmızı biber

1 yemek kaşığı kimyon tohumu

5cm/2in kök zencefil

15 diş sarımsak

250ml/8 fl ons malt sirkesi

tatmak için tuz

Yöntem

- Yağı bir tavada ısıtın. Balıkları ekleyin ve orta ateşte 2-3 dakika kızartın. 1-2 dakika çevirin ve kızartın. Kenara koyun.
- Pürüzsüz bir macun oluşturmak için kalan malzemeleri birlikte öğütün.
- Hamuru bir tavada 10 dakika kısık ateşte pişirin. Balığı ekleyin, 3-4 dakika pişirin, ardından soğutun ve bir kavanozda buzdolabında 1 haftaya kadar saklayın.

Körili Balık Topu

4 kişilik

İçindekiler

500g/1lb 2oz somon, derisi alınmış ve filetosu çıkarılmış

tatmak için tuz

750ml/1¼ pint su

1 büyük soğan

3 çay kaşığı garam masala

½ çay kaşığı zerdeçal

3 yemek kaşığı rafine bitkisel yağ artı derin kızartma için ekstra

5 cm/2 inç kök zencefil, rendelenmiş

5 diş sarımsak, ezilmiş

250g domates, beyazlatılmış ve doğranmış

2 yemek kaşığı yoğurt, çırpılmış

Yöntem

- Balığı biraz tuz ve 500ml/16fl oz su ile orta ateşte 20 dakika pişirin. Süzün ve soğan, tuz, 1 çay kaşığı garam masala ve zerdeçal ile pürüzsüz bir karışım elde edene kadar öğütün. 12 topa bölün.
- Derin kızartma için yağı ısıtın. Topları ekleyin ve orta ateşte kızarana kadar kızartın. Süzün ve bir kenara koyun.
- Bir tencerede 3 yemek kaşığı yağı ısıtın. Kalan tüm malzemeleri, kalan suyu ve balık toplarını ekleyin. 10 dakika demlendirip sıcak servis yapın.

Balık Amritsari

(Acı Baharatlı Balık)

4 kişilik

İçindekiler

200g yoğurt

½ çay kaşığı zencefil ezmesi

½ çay kaşığı sarımsak ezmesi

1 limon suyu

½ çay kaşığı garam masala

tatmak için tuz

675g maymunbalığı kuyruğu, derisi alınmış ve filetosu çıkarılmış

Yöntem

- Balık hariç tüm malzemeleri karıştırın. Balıkları bu karışımla 1 saat marine edin.
- Marine edilmiş balıkları 7-8 dakika ızgarada pişirin. Sıcak servis yapın.

Masala Kızarmış Karides

4 kişilik

İçindekiler

4 diş sarımsak

5cm/2 inç zencefil

2 yemek kaşığı taze hindistan cevizi, rendelenmiş

2 adet kuru kırmızı biber

1 yemek kaşığı kişniş tohumu

1 çay kaşığı zerdeçal

tatmak için tuz

120ml/4 fl ons su

750g/1lb 10oz karides, kabuklu ve damarları alınmış

3 yemek kaşığı rafine bitkisel yağ

3 büyük soğan, ince doğranmış

2 domates, ince doğranmış

2 yemek kaşığı kişniş yaprağı, doğranmış

1 çay kaşığı garam masala

Yöntem

- Sarımsak, zencefil, hindistancevizi, kırmızı biber, kişniş tohumu, zerdeçal ve tuzu pürüzsüz bir macun oluşturmak için yeterli suyla öğütün.
- Karidesleri bu macunla bir saat kadar marine edin.
- Yağı bir tencerede ısıtın. Soğanları ekleyin ve yarı saydam olana kadar orta ateşte kızartın.
- Domatesleri ve marine edilmiş karidesleri ekleyin. İyice karıştırın. Suyu ekleyin, bir kapakla örtün ve 20 dakika pişirin.
- Kişniş yaprakları ve garam masala ile süsleyin. Sıcak servis yapın.

Tuzlu Tepeli Balık

4 kişilik

İçindekiler

2 yemek kaşığı limon suyu

tatmak için tuz

tatmak için öğütülmüş karabiber

4 kılıç balığı bifteği

2 yemek kaşığı tereyağı

1 büyük soğan, ince kıyılmış

1 yeşil biber, çekirdekleri çıkarılmış ve doğranmış

3 domates, kabuklu ve doğranmış

50g/1¾oz galeta unu

85g/3oz çedar peyniri, rendelenmiş

Yöntem

- Balığın üzerine limon suyu, tuz ve karabiber serpin. Kenara koyun.
- Tereyağını bir tencerede ısıtın. Soğanı ve yeşil biberi ekleyin. 2-3 dakika orta ateşte kızartın. Domates, galeta unu ve peyniri ekleyin. 4-5 dakika kızartın.
- Bu karışımı balıkların üzerine eşit şekilde yayın. Alüminyum folyoya sarın ve 200°C (400°F, Gas Mark 6) fırında 30 dakika pişirin. Sıcak servis yapın.

Karides Pasanda

(Yoğurt ve Sirke ile pişirilmiş karides)

4 kişilik

İçindekiler

250g/9oz karides, kabuklu ve damarları alınmış

tatmak için tuz

1 çay kaşığı öğütülmüş karabiber

2 çay kaşığı malt sirkesi

2 çay kaşığı rafine bitkisel yağ

1 yemek kaşığı sarımsak ezmesi

2 büyük soğan, ince doğranmış

2 domates, ince doğranmış

2 taze soğan, ince kıyılmış

1 çay kaşığı garam masala

250ml/8 fl ons su

4 yemek kaşığı süzme yoğurt

Yöntem

- Karidesleri tuz, karabiber ve sirke ile 30 dakika marine edin.
- Karidesleri 5 dakika ızgara yapın. Kenara koyun.
- Yağı bir tencerede ısıtın. Sarımsak ezmesini ve soğanı ekleyin. Bir dakika orta ateşte kızartın. Domatesleri, taze soğanları ve garam masalayı ekleyin. 4 dakika soteleyin. Izgara karidesleri ve suyu ekleyin. 15 dakika kısık ateşte pişirin. yoğurdu ekleyin. 5 dakika karıştırın. Sıcak servis yapın.

Kılıçbalığı Rechaido

(Goan Gravy'de pişirilmiş kılıç balığı)

4 kişilik

İçindekiler

4 kırmızı biber

6 diş sarımsak

2,5 cm/1 inç kök zencefil

½ çay kaşığı zerdeçal

1 büyük soğan

1 çay kaşığı demirhindi ezmesi

1 çay kaşığı kimyon tohumu

1 yemek kaşığı şeker

tatmak için tuz

120ml/4 fl ons malt sirkesi

1kg/2¼lb kılıç balığı, temizlenmiş

Kızartma için rafine bitkisel yağ

Yöntem

- Balık ve yağ hariç tüm malzemeleri birlikte öğütün.
- Kılıçbalığına yarıklar açın ve zemin karışımı ile marine edin ve yarıklara bol miktarda karışım doldurun. 1 saat kenara koyun.
- Yağı bir tavada ısıtın. Marine edilmiş balıkları ekleyin ve 2-3 dakika kısık ateşte kızartın. Çevir ve tekrarla. Sıcak servis yapın.

Teekha Jhinga

(Sıcak Karides)

4 kişilik

İçindekiler

4 yemek kaşığı rafine bitkisel yağ

1 çay kaşığı rezene tohumu

2 büyük soğan, ince doğranmış

2 çay kaşığı zencefil ezmesi

2 çay kaşığı sarımsak ezmesi

tatmak için tuz

½ çay kaşığı zerdeçal

3 yemek kaşığı garam masala

25g/yetersiz 1 ons kurutulmuş hindistancevizi

60ml/2 fl ons su

1 yemek kaşığı limon suyu

500g/1lb 2oz karides, kabuklu ve damarları alınmış

Yöntem

- Yağı bir tencerede ısıtın. Rezene tohumlarını ekleyin. 15 saniye boyunca dağılmalarına izin verin. Soğan, zencefil ezmesi ve sarımsak ezmesi ekleyin. Bir dakika orta ateşte kızartın.
- Karides hariç kalan malzemeleri ekleyin. 7 dakika soteleyin.
- Karidesleri ekleyin ve sık sık karıştırarak 15 dakika pişirin. Sıcak servis yapın.

Karides Balchow

(Karidesler Goan Yolunda pişirilir)

4 kişilik

İçindekiler

750g/1lb 10oz karides, kabuklu ve damarları alınmış

250ml/8 fl ons malt sirkesi

8 diş sarımsak

2 büyük soğan, ince doğranmış

1 yemek kaşığı öğütülmüş kimyon

¼ çay kaşığı zerdeçal

tatmak için tuz

120ml/4 fl oz rafine bitkisel yağ

50g/1¾oz kişniş yaprağı, doğranmış

Yöntem

- Karidesleri 4 yemek kaşığı sirke ile 2 saat marine edin.
- Pürüzsüz bir macun oluşturmak için kalan sirkeyi sarımsak, soğan, öğütülmüş kimyon, zerdeçal ve tuzla öğütün. Kenara koyun.
- Yağı bir tencerede ısıtın. Karidesleri 12 dakika kısık ateşte kızartın.

- Macunu ekleyin. İyice karıştırın ve 15 dakika kısık ateşte soteleyin.
- Kişniş yaprakları ile süsleyin. Sıcak servis yapın.

Karides Bhujna

(Hindistan cevizi ve Soğanda Kuru Karides)

4 kişilik

İçindekiler

50g/1¾oz taze hindistan cevizi, rendelenmiş

2 büyük soğan

6 kırmızı biber

5 cm/2 inç kök zencefil, rendelenmiş

1 tatlı kaşığı sarımsak ezmesi

4 yemek kaşığı rafine bitkisel yağ

5 kuru kokum*

¼ çay kaşığı zerdeçal

750g/1lb 10oz karides, kabuklu ve damarları alınmış

250ml/8 fl ons su

tatmak için tuz

Yöntem

- Hindistan cevizi, soğan, kırmızı biber, zencefil ve sarımsak ezmesini birlikte öğütün.
- Yağı bir tencerede ısıtın. Kokum ve zerdeçal ile macunu ekleyin. 5 dakika kısık ateşte kızartın.
- Karidesleri, suyu ve tuzu ekleyin. Sık sık karıştırarak 20 dakika pişirin. Sıcak servis yapın.

Chingdi Macher Malay

(Hindistan cevizli karides)

4 kişilik

İçindekiler

2 büyük soğan, rendelenmiş

2 yemek kaşığı zencefil ezmesi

100g/3½oz taze hindistan cevizi, rendelenmiş

4 yemek kaşığı rafine bitkisel yağ

500g/1lb 2oz karides, kabuklu ve damarları alınmış

1 çay kaşığı zerdeçal

1 çay kaşığı öğütülmüş kimyon

4 domates, ince doğranmış

1 çay kaşığı şeker

1 çay kaşığı tereyağı

2 karanfil

2,5 cm/1 inç tarçın

2 yeşil kakule bakla

3 defne yaprağı

tatmak için tuz

4 büyük patates, doğranmış ve kızartılmış

250ml/8 fl ons su

Yöntem

- Soğanları, zencefil ezmesini ve hindistan cevizini pürüzsüz bir hamur haline getirin. Kenara koyun.
- Yağı bir tavada ısıtın. Karidesleri ekleyin ve orta ateşte 5 dakika kızartın. Süzün ve bir kenara koyun.
- Aynı yağa, öğütülmüş macunu ve su hariç kalan tüm malzemeleri ekleyin. 6-7 dakika karıştırarak kızartın. Kızarmış karidesleri ve suyu ekleyin. İyice karıştırın ve 10 dakika pişirin. Sıcak servis yapın.

Balık Sorse Bata

(Hardal Ezmesinde Balık)

4 kişilik

İçindekiler

4 yemek kaşığı hardal tohumu

7 yeşil biber

2 yemek kaşığı su

½ çay kaşığı zerdeçal

5 yemek kaşığı hardal yağı

tatmak için tuz

1kg/2¼lb limon tabanı, derisi alınmış ve filetosu çıkarılmış

Yöntem

- Pürüzsüz bir macun oluşturmak için balık hariç tüm malzemeleri yeterli suyla öğütün. Balıkları bu karışımla 1 saat marine edin.
- 25 dakika buharlayın. Sıcak servis yapın.

Balık yahnisi

4 kişilik

İçindekiler

1 yemek kaşığı rafine bitkisel yağ

2 karanfil

2,5 cm/1 inç tarçın

3 defne yaprağı

5 karabiber

1 tatlı kaşığı sarımsak ezmesi

1 çay kaşığı zencefil ezmesi

2 büyük soğan, ince doğranmış

400g/14oz dondurulmuş karışık sebzeler

tatmak için tuz

250ml/8 fl ons ılık su

500g/1lb 2oz maymunbalığı filetosu

1 yemek kaşığı sade beyaz un, 60 ml/2 fl oz sütte eritilmiş

Yöntem

- Yağı bir tencerede ısıtın. Karanfil, tarçın, defne yaprağı ve karabiber ekleyin. 15 saniye boyunca dağılmalarına izin verin. Sarımsak ezmesi, zencefil ezmesi ve soğan ekleyin. 2-3 dakika orta ateşte kızartın.
- Sebzeleri, tuzu ve suyu ekleyin. İyice karıştırın ve 10 dakika pişirin.
- Balık ve un karışımını dikkatlice ekleyin. İyice karıştırın. Orta ateşte 10 dakika pişirin. Sıcak servis yapın.

Jhinga Nissa

(Yoğurtlu Karides)

4 kişilik

İçindekiler

1 yemek kaşığı limon suyu

1 çay kaşığı zencefil ezmesi

1 tatlı kaşığı sarımsak ezmesi

1 tatlı kaşığı susam

200g yoğurt

2 yeşil biber, ince kıyılmış

½ çay kaşığı kuru çemen otu yaprağı

½ çay kaşığı öğütülmüş karanfil

½ çay kaşığı öğütülmüş tarçın

½ çay kaşığı öğütülmüş karabiber

tatmak için tuz

12 büyük karides, kabuklu ve damarları alınmış

Yöntem

- Karides hariç tüm malzemeleri karıştırın. Karidesleri bu karışımla bir saat kadar marine edin.
- Marine edilmiş karidesleri şişlere dizip 15 dakika ızgarada pişirin. Sıcak servis yapın.

Kalamar Vindaloo

(Baharatlı Goan Sosunda pişirilmiş kalamar)

4 kişilik

İçindekiler

8 yemek kaşığı malt sirkesi

8 kırmızı biber

3,5 cm/1½ inç kök zencefil

20 diş sarımsak

1 tatlı kaşığı hardal tohumu

1 çay kaşığı kimyon tohumu

1 çay kaşığı zerdeçal

tatmak için tuz

6 yemek kaşığı rafine bitkisel yağ

3 büyük soğan, ince doğranmış

500g kalamar, dilimlenmiş

Yöntem

- Sirkenin yarısını kırmızı biber, zencefil, sarımsak, hardal tohumu, kimyon tohumu, zerdeçal ve tuzla pürüzsüz bir macun haline getirin. Kenara koyun.
- Yağı bir tencerede ısıtın. Soğanları kahverengi olana kadar kısık ateşte kızartın.
- Zemin hamurunu ekleyin. İyice karıştırın ve 5-6 dakika soteleyin.
- Kalamarı ve kalan sirkeyi ekleyin. Kısık ateşte ara sıra karıştırarak 15-20 dakika pişirin. Sıcak servis yapın.

ıstakoz balchow

(Goan Curry'de pişirilmiş Baharatlı Istakozlar)

4 kişilik

İçindekiler

400g/14oz ıstakoz eti, doğranmış

tatmak için tuz

½ çay kaşığı zerdeçal

60ml/2 fl ons malt sirkesi

1 çay kaşığı şeker

120ml/4 fl oz rafine bitkisel yağ

2 büyük soğan, ince doğranmış

12 diş sarımsak, ince kıyılmış

1 çay kaşığı garam masala

1 yemek kaşığı kişniş yaprağı, doğranmış

Yöntem

- Istakozları tuz, zerdeçal, sirke ve şekerle 1 saat marine edin.
- Yağı bir tencerede ısıtın. Soğan ve sarımsağı ekleyin. 2-3 dakika kısık ateşte kızartın. Marine edilmiş ıstakozu ve garam masalayı ekleyin. Kısık ateşte ara sıra karıştırarak 15 dakika pişirin.
- Kişniş yaprakları ile süsleyin. Sıcak servis yapın.

patlıcanlı karides

4 kişilik

İçindekiler

4 yemek kaşığı rafine bitkisel yağ

6 karabiber

3 yeşil biber

4 karanfil

6 diş sarımsak

1cm/½in kök zencefil

2 yemek kaşığı kişniş yaprağı, doğranmış

1½ yemek kaşığı kurutulmuş hindistan cevizi

2 büyük soğan, ince doğranmış

500g/1lb 2oz patlıcan, doğranmış

250g/9oz karides, kabuklu ve damarları alınmış

½ çay kaşığı zerdeçal

1 çay kaşığı demirhindi ezmesi

tatmak için tuz

10 kaju fıstığı

120ml/4 fl ons su

Yöntem

- 1 çorba kaşığı yağı bir tencerede ısıtın. Karabiber, yeşil biber, karanfil, sarımsak, zencefil, kişniş yaprağı ve hindistan cevizini orta ateşte 2-3 dakika ekleyin. Karışımı pürüzsüz bir macun haline getirin. Kenara koyun.

- Kalan yağı bir tencerede ısıtın. Soğanları ekleyin ve orta ateşte bir dakika kadar kavurun. Patlıcan, karides ve zerdeçal ekleyin. 5 dakika karıştırarak kızartın.

- Zemin hamurunu ve kalan tüm malzemeleri ekleyin. İyice karıştırın ve 10-15 dakika pişirin. Sıcak servis yapın.

yeşil karides

4 kişilik

İçindekiler

1 limon suyu

50g/1¾oz nane yaprağı

50g/1¾oz kişniş yaprağı

4 yeşil biber

2,5 cm/1 inç kök zencefil

8 diş sarımsak

Bir tutam garam masala

tatmak için tuz

20 orta boy karides, kabuklu ve damarları alınmış

Yöntem

- Karides hariç tüm malzemeleri pürüzsüz bir macun haline getirin. Karidesleri bu karışımla 1 saat marine edin.
- Karidesleri şişleyin. Ara sıra çevirerek 10 dakika ızgara yapın. Sıcak servis yapın.

Kişnişli Balık

4 kişilik

İçindekiler

3 yemek kaşığı rafine bitkisel yağ

1 büyük soğan, ince kıyılmış

4 yeşil biber, ince kıyılmış

1 yemek kaşığı zencefil ezmesi

1 yemek kaşığı sarımsak ezmesi

1 çay kaşığı zerdeçal

tatmak için tuz

100g/3½oz kişniş yaprağı, doğranmış

1 kg/2¼lb somon, derisi alınmış ve filetosu çıkarılmış

250ml/8 fl ons su

Yöntem

- Yağı bir tencerede ısıtın. Soğanı kahverengi olana kadar kısık ateşte kızartın.
- Balık ve su hariç kalan tüm malzemeleri ekleyin. 3-4 dakika kızartın. Balıkları ekleyin ve 3-4 dakika soteleyin.
- Suyu ekleyin. İyice karıştırın ve 10-12 dakika pişirin. Sıcak servis yapın.

Balık Malay

(Creamy Gravy'de pişirilmiş balık)

4 kişilik

İçindekiler

250ml/8fl oz rafine bitkisel yağ

1kg/2¼lb levrek filetosu

1 yemek kaşığı sade beyaz un

1 büyük soğan, rendelenmiş

½ çay kaşığı zerdeçal

250ml/8 fl oz hindistan cevizi sütü

tatmak için tuz

Baharat karışımı için:

1 çay kaşığı kişniş tohumu

1 çay kaşığı kimyon tohumu

4 yeşil biber

6 diş sarımsak

6 yemek kaşığı su

Yöntem

- Baharat karışımı malzemelerini birlikte öğütün. Küçük bir kapta suyunu çıkarmak için karışımı sıkın. Suyu bir kenara koyun. Kabuğu atın.
- Yağı bir tavada ısıtın. Balıkları unla kaplayın ve orta ateşte kızarana kadar kızartın. Süzün ve bir kenara koyun.
- Aynı yağa soğanı ekleyin ve orta ateşte pembeleşinceye kadar kavurun.
- Baharat karışımı suyunu ve kalan tüm malzemeleri ekleyin. İyice karıştırın.
- 10 dakika kaynatın. Balıkları ekleyin ve 5 dakika pişirin. Sıcak servis yapın.

Konkani Körili Balık

4 kişilik

İçindekiler

1 kg/2¼lb somon, derisi alınmış ve filetosu çıkarılmış

tatmak için tuz

1 çay kaşığı zerdeçal

1 tatlı kaşığı pul biber

2 yemek kaşığı rafine bitkisel yağ

1 büyük soğan, ince kıyılmış

½ çay kaşığı zencefil ezmesi

750ml/1¼ pint hindistan cevizi sütü

3 yeşil biber, uzunlamasına dilimlenmiş

Yöntem

- Balıkları tuz, zerdeçal ve pul biberle 30 dakika marine edin.
- Yağı bir tencerede ısıtın. Soğan ve zencefil ezmesini ekleyin. Orta ateşte soğanlar şeffaflaşana kadar kavurun.
- Hindistan cevizi sütü, yeşil biber ve marine edilmiş balığı ekleyin. İyice karıştırın. 15 dakika kaynatın. Sıcak servis yapın.

Sarımsaklı Baharatlı Karides

4 kişilik

İçindekiler

4 yemek kaşığı rafine bitkisel yağ

2 büyük soğan, ince doğranmış

1 yemek kaşığı sarımsak ezmesi

12 diş sarımsak, doğranmış

1 tatlı kaşığı pul biber

1 çay kaşığı öğütülmüş kişniş

½ çay kaşığı öğütülmüş kimyon

2 domates, ince doğranmış

tatmak için tuz

1 çay kaşığı zerdeçal

750g/1lb 10oz karides, kabuklu ve damarları alınmış

250ml/8 fl ons su

Yöntem

- Yağı bir tencerede ısıtın. Soğan, sarımsak salçası ve kıyılmış sarımsak ekleyin. Orta ateşte soğanlar şeffaflaşana kadar kavurun.
- Karides ve su hariç kalan malzemeleri ekleyin. 3-4 dakika kızartın. Karidesleri ekleyin ve 3-4 dakika soteleyin.
- Suyu ekleyin. İyice karıştırın ve 12-15 dakika pişirin. Sıcak servis yapın.

Basit Körili Balık

4 kişilik

İçindekiler

2 büyük soğan, dörde bölünmüş

3 karanfil

2,5 cm/1 inç tarçın

4 karabiber

2 çay kaşığı kişniş tohumu

1 çay kaşığı kimyon tohumu

1 domates, dörde bölünmüş

tatmak için tuz

2 yemek kaşığı rafine bitkisel yağ

750g/1lb 10oz somon, derisi alınmış ve filetosu çıkarılmış

250ml/8 fl ons su

Yöntem

- Yağ, balık ve su hariç tüm malzemeleri birlikte öğütün. Yağı bir tencerede ısıtın. Salçayı ekleyin ve 7 dakika kısık ateşte kavurun.
- Balıkları ve suyu ekleyin. Sık sık karıştırarak 25 dakika pişirin. Sıcak servis yapın.

Goan Balık Köri

4 kişilik

İçindekiler

100g/3½oz taze hindistan cevizi, rendelenmiş

4 adet kuru kırmızı biber

1 çay kaşığı kimyon tohumu

1 çay kaşığı kişniş tohumu

360ml/12fl oz su

3 yemek kaşığı rafine bitkisel yağ

1 büyük soğan, rendelenmiş

1 çay kaşığı zerdeçal

8 köri yaprağı

2 domates, beyazlatılmış ve doğranmış

2 yeşil biber, uzunlamasına dilimlenmiş

1 yemek kaşığı demirhindi ezmesi

tatmak için tuz

1 kg/2¼lb somon, dilimlenmiş

Yöntem

- Hindistan cevizi, kırmızı biber, kimyon tohumu ve kişniş tohumlarını 4 yemek kaşığı suyla kalın bir macun haline getirin. Kenara koyun.
- Yağı bir tencerede ısıtın. Soğanı yarı saydam olana kadar kısık ateşte kızartın.
- Hindistan cevizi ezmesini ekleyin. 3-4 dakika kızartın.
- Balık ve kalan su hariç kalan tüm malzemeleri ekleyin. 6-7 dakika soteleyin. Balıkları ve suyu ekleyin. İyice karıştırın ve ara sıra karıştırarak 20 dakika pişirin. Sıcak servis yapın.

Karides Vindaloo

(Baharatlı Goan Curry'de pişirilmiş karidesler)

4 kişilik

İçindekiler

   3 yemek kaşığı rafine bitkisel yağ

   1 büyük soğan, rendelenmiş

   4 domates, ince doğranmış

   1½ çay kaşığı toz biber

   ½ çay kaşığı zerdeçal

   2 çay kaşığı öğütülmüş kimyon

   750g/1lb 10oz karides, kabuklu ve damarları alınmış

   3 yemek kaşığı beyaz sirke

   1 çay kaşığı şeker

   tatmak için tuz

Yöntem

- Yağı bir tencerede ısıtın. Soğanı ekleyip orta ateşte 1-2 dakika kavurun. Domates, biber tozu, zerdeçal ve kimyon ekleyin. İyice karıştırın ve ara sıra karıştırarak 6-7 dakika pişirin.
- Karidesleri ekleyin ve iyice karıştırın. 10 dakika kısık ateşte pişirin.
- Sirke, şeker ve tuzu ekleyin. 5-7 dakika kaynatın. Sıcak servis yapın.

Yeşil Masala'da Balık

4 kişilik

İçindekiler

750g/1lb 10oz kılıç balığı, derisi alınmış ve filetosu çıkarılmış

tatmak için tuz

1 çay kaşığı zerdeçal

50g/1¾oz nane yaprağı

100g kişniş yaprağı

12 diş sarımsak

5cm/2in kök zencefil

2 büyük soğan, dilimlenmiş

5 cm/2 inç tarçın

1 yemek kaşığı haşhaş tohumu

3 karanfil

500ml/16fl ons su

3 yemek kaşığı rafine bitkisel yağ

Yöntem

- Balıkları tuz ve zerdeçalla 30 dakika marine edin.
- Yağ hariç kalan malzemeleri kalın bir macun oluşturmak için yeterli suyla öğütün.
- Yağı bir tencerede ısıtın. Salçayı ekleyip orta ateşte 4-5 dakika kavurun. Marine edilmiş balıkları ve kalan suyu ekleyin. İyice karıştırın ve ara sıra karıştırarak 20 dakika pişirin. Sıcak servis yapın.

İstiridye Masala

4 kişilik

İçindekiler

500g/1lb 2oz istiridye, temizlenmiş (bkz. pişirme teknikleri)

tatmak için tuz

¾ çay kaşığı zerdeçal

1 yemek kaşığı kişniş tohumu

3 karanfil

2,5 cm/1 inç tarçın

4 karabiber

2,5 cm/1 inç kök zencefil

8 diş sarımsak

60g/2oz taze hindistan cevizi, rendelenmiş

2 yemek kaşığı rafine bitkisel yağ

1 büyük soğan, ince kıyılmış

500ml/16fl ons su

Yöntem

- Buhar (bkz.pişirme teknikleri) istiridyeleri 20 dakika buharda pişirin. Üzerlerine tuz ve karabiber serpin. Kenara koyun.

- Yağ, soğan ve su hariç kalan malzemeleri birlikte öğütün.

- Yağı bir tencerede ısıtın. Öğütülmüş salçayı ve soğanı ekleyin. 4-5 dakika orta ateşte kızartın. Buğulanmış istiridyeleri ekleyin ve 5 dakika kızartın. Suyu ekleyin. 10 dakika pişirin ve sıcak servis yapın.

balık tikka

4 kişilik

İçindekiler

2 çay kaşığı zencefil ezmesi

2 çay kaşığı sarımsak ezmesi

1 çay kaşığı garam masala

1 tatlı kaşığı pul biber

2 çay kaşığı öğütülmüş kimyon

2 yemek kaşığı limon suyu

tatmak için tuz

1kg/2¼lb maymunbalığı, derisi yüzülmüş ve filetosu çıkarılmış

Sığ kızartma için rafine bitkisel yağ

2 yumurta, çırpılmış

3 yemek kaşığı irmik

Yöntem

- Zencefil ezmesi, sarımsak ezmesi, garam masala, kırmızı toz biber, kimyon, limon suyu ve tuzu karıştırın. Balıkları bu karışımla 2 saat marine edin.
- Yağı bir tavada ısıtın. Marine edilmiş balıkları yumurtaya batırın, irmiğe bulayın ve orta ateşte 4-5 dakika hafifçe kızartın.
- 2-3 dakika çevirin ve kızartın. Emici kağıt üzerine boşaltın ve sıcak servis yapın.

Karides ile doldurulmuş patlıcan

4 kişilik

İçindekiler

4 yemek kaşığı rafine bitkisel yağ

1 büyük soğan, ince rendelenmiş

2 çay kaşığı zencefil ezmesi

2 çay kaşığı sarımsak ezmesi

1 çay kaşığı zerdeçal

½ çay kaşığı garam masala

tatmak için tuz

1 çay kaşığı demirhindi ezmesi

180 gr/6½ ons karides, kabuklu ve damarları alınmış

60ml/2 fl ons su

8 küçük patlıcan

10g/¼oz kişniş yaprağı, doğranmış, süslemek için

Yöntem

- Doldurma için, bir tavada yağın yarısını ısıtın. Soğanı ekleyin ve kahverengi olana kadar kısık ateşte kızartın. Zencefil ezmesi, sarımsak ezmesi, zerdeçal ve garam masala ekleyin. 2-3 dakika soteleyin.
- Tuz, demirhindi ezmesi, karides ve suyu ekleyin. İyice karıştırın ve 15 dakika pişirin. Soğuması için kenara alın.
- Bıçakla patlıcanın bir ucuna çarpı işareti yapın. Diğer ucu kesilmeden bırakarak haç boyunca daha derin kesin. Karides karışımını bu boşluğa doldurun. Tüm patlıcanlar için tekrarlayın.
- Kalan yağı bir tavada ısıtın. Doldurulmuş patlıcanları ekleyin. Ara sıra çevirerek 12-15 dakika kısık ateşte kızartın. Üzerini süsleyip sıcak servis yapın.

Sarımsaklı ve Tarçınlı Karides

4 kişilik

İçindekiler

250ml/8fl oz rafine bitkisel yağ

1 çay kaşığı zerdeçal

2 çay kaşığı sarımsak ezmesi

tatmak için tuz

500g/1lb 2oz karides, kabuklu ve damarları alınmış

2 çay kaşığı öğütülmüş tarçın

Yöntem

- Yağı bir tencerede ısıtın. Zerdeçal, sarımsak ezmesi ve tuzu ekleyin. 2 dakika orta ateşte kızartın. Karidesleri ekleyin ve 15 dakika pişirin.
- Tarçın ekleyin. 2 dakika pişirin ve sıcak servis yapın.

Hardalda Buğulanmış Taban

4 kişilik

İçindekiler

1 çay kaşığı zencefil ezmesi

1 tatlı kaşığı sarımsak ezmesi

¼ çay kaşığı kırmızı biber salçası

2 çay kaşığı İngiliz hardalı

2 çay kaşığı limon suyu

1 çay kaşığı hardal yağı

tatmak için tuz

1kg/2¼lb limon tabanı, derisi alınmış ve filetosu çıkarılmış

25 gr/az 1 ons kişniş yaprağı, ince kıyılmış

Yöntem

- Balık ve kişniş yaprakları hariç tüm malzemeleri karıştırın. Balıkları bu karışımla 30 dakika marine edin.
- Balıkları sığ bir tabağa koyun. Buhar (bkz. pişirme teknikleri) 15 dakika buharda pişirin. Kişniş yaprakları ile süsleyip sıcak servis yapın.

Sarı Balık Köri

4 kişilik

İçindekiler

100ml/3½fl ons hardal yağı

1 kg/2¼lb somon, derisi alınmış ve filetosu çıkarılmış

4 çay kaşığı İngiliz hardalı

1 çay kaşığı öğütülmüş kişniş

1 tatlı kaşığı pul biber

2 çay kaşığı sarımsak ezmesi

125g/4½oz domates püresi

120ml/4 fl ons su

tatmak için tuz

1 çay kaşığı zerdeçal

Süslemek için 2 yemek kaşığı ince kıyılmış kişniş yaprağı

Yöntem

- Yağı bir tavada ısıtın. Balıkları ekleyin ve altın rengi olana kadar kısık ateşte kızartın. Çevir ve tekrarla. Balıkları süzün ve bir kenara koyun. Yağı rezerve edin.
- Hardalı öğütülmüş kişniş, kırmızı biber ve sarımsakla karıştırın.

- Balıkları kızartmak için kullanılan yağı ısıtın. Hardal karışımını bir dakika kızartın.
- Domates püresini ekleyin. 4-5 dakika orta ateşte kızartın.
- Kızarmış balık, su, tuz ve zerdeçal ekleyin. İyice karıştırın ve ara sıra karıştırarak 15-20 dakika pişirin.
- Kişniş yaprakları ile süsleyin. Sıcak servis yapın.

Ekmek Bhajjia

(Ekmek Börekleri)

4 kişilik

İçindekiler

85g/3oz mısır unu

1 soğan, ince kıyılmış

½ çay kaşığı toz biber

1 çay kaşığı öğütülmüş kişniş

tatmak için tuz

75ml/ 2½fl ons su

8 dilim ekmek, dörde bölünmüş

Derin kızartma için rafine bitkisel yağ

Yöntem

- Kalın bir hamur yapmak için ekmek ve yağ hariç tüm malzemeleri karıştırın.

- Yağı bir tavada ısıtın. Ekmek parçalarını hamura batırın ve kızarana kadar kızartın.

- Ketçap veya nane turşusu ile sıcak servis yapın.

yumurtalı masala

4 kişilik

İçindekiler

2 küçük soğan, doğranmış

2 yeşil biber, doğranmış

2 yemek kaşığı rafine bitkisel yağ

1 çay kaşığı zencefil ezmesi

1 tatlı kaşığı sarımsak ezmesi

1 tatlı kaşığı pul biber

½ çay kaşığı zerdeçal

1 çay kaşığı öğütülmüş kişniş

1 çay kaşığı öğütülmüş kimyon

½ çay kaşığı garam masala

2 domates, ince doğranmış

2 yemek kaşığı bezelye*

tatmak için tuz

25 gr/az 1 ons kişniş yaprağı, ince kıyılmış

8 yumurta, haşlanmış ve ikiye bölünmüş

Yöntem

- Doğranmış soğanları ve yeşil biberleri kaba bir hamur yapmak için birlikte öğütün.

- Yağı bir tencerede ısıtın. Bu macunu zencefil ezmesi, sarımsak ezmesi, kırmızı biber tozu, zerdeçal, öğütülmüş kişniş, öğütülmüş kimyon ve garam masala ile birlikte ekleyin. İyice karıştırın ve sürekli karıştırarak 3 dakika kızartın.

- Domatesleri ekleyin ve 4 dakika soteleyin.

- Besan ve tuzu ekleyin. İyice karıştırın ve bir dakika daha soteleyin.

- Kişniş yapraklarını ekleyin ve orta ateşte 2-3 dakika daha soteleyin.

- Yumurtaları ekleyin ve yavaşça karıştırın. Masala, yumurtaları her taraftan iyice kaplamalıdır. 3-4 dakika kısık ateşte pişirin.

- Sıcak servis yapın.

Karides Pakodası

(Kızarmış Karides Atıştırmalığı)

4 kişilik

İçindekiler

250g/9oz karides, kabuklu ve damarları alınmış

tatmak için tuz

375g/13oz yağ*

1 çay kaşığı zencefil ezmesi

1 tatlı kaşığı sarımsak ezmesi

½ çay kaşığı zerdeçal

1 çay kaşığı garam masala

150ml/5 fl ons su

Derin kızartma için rafine bitkisel yağ

Yöntem

- Karidesleri tuzla 20 dakika marine edin.
- Yağ hariç kalan malzemeleri ekleyin.
- Kalın bir meyilli oluşturmak için yeterli su ekleyin.
- Yağı bir tencerede ısıtın. Küçük kaşık dolusu hamur ekleyin ve orta ateşte kızarana kadar kızartın. Emici kağıt üzerine boşaltın.
- Nane turşusu ile sıcak servis yapın.

www.ingramcontent.com/pod-product-compliance
Lightning Source LLC
Chambersburg PA
CBHW070409120526
44590CB00014B/1322